教育部人文社会科学研究一般项目(24YJC860035);
广东省哲学社会科学规划项目(GD24YXW04)

企业社会责任缺失

一项基于道德决策模型的研究

张婷 著

图书在版编目（CIP）数据

企业社会责任缺失：一项基于道德决策模型的研究 /张婷著. —北京：知识产权出版社，2024.12. —ISBN 978－7－5130－9713－0

Ⅰ. F279.2

中国国家版本馆 CIP 数据核字第 2024XN1590 号

责任编辑：江宜玲　高　超　　　　　责任校对：潘凤越
封面设计：商　宓　　　　　　　　　责任印制：孙婷婷

企业社会责任缺失：一项基于道德决策模型的研究

张　婷　著

出版发行	知识产权出版社有限责任公司	网　　址	http：//www.ipph.cn
社　　址	北京市海淀区气象路 50 号院	邮　　编	100081
责编电话	010－82000860 转 8383	责编邮箱	99650802@qq.com
发行电话	010－82000860 转 8101/8102	发行传真	010－82000893/82005070/82000270
印　　刷	北京中献拓方科技发展有限公司	经　　销	新华书店、各大网上书店及相关专业书店
开　　本	787mm×1092mm　1/16	印　　张	13.5
版　　次	2024 年 12 月第 1 版	印　　次	2024 年 12 月第 1 次印刷
字　　数	192 千字	定　　价	88.00 元

ISBN 978－7－5130－9713－0

出版权专有　侵权必究
如有印装质量问题，本社负责调换。

前　言

企业社会责任缺失（Corporate Social Irresponsibility，CSI）事件受到社会广泛关注，学者们对企业社会责任缺失的研究日益增多。企业社会责任缺失发生后，人们会对它发生的原因、责任判断进行归因。但是，现有企业社会责任缺失相关文献较多地从企业层面关注了企业社会责任缺失的驱动因素，而对企业社会责任缺失的责任判断研究相对有限。现实中有一类企业社会责任缺失，与消费者的不良需求或需要、消费习惯及消费者参与有直接或间接的关系，本书称之为"受消费者影响的企业社会责任缺失"。学者们尚未充分关注到这一归因问题，因而忽略了消费者对企业社会责任缺失的归因中企业失责和消费者失责的潜在影响。消费者失责作为一个新兴的概念，是指消费者意识到自身在一定程度上促成了特定类型的企业社会责任缺失。但是，消费者失责的表现、影响、结果、作用机制和作用条件尚未得到充分研究。

因此，本书关注消费者对企业社会责任缺失的影响，围绕"受消费者影响的企业社会责任缺失"的归因问题，提出了三个研究问题：（1）在对企业社会责任缺失进行归因时，消费者是否会感知到消费者失责？消费者失责有哪些表现？（2）企业社会责任缺失归因中的企业失责和消费者失责是否影响消费者响应意愿？（3）如果企业社会责任缺失归因中的企业失责和消费者失责影响消费者响应意愿，则这种影响发生的作用机制和作用条件是什么？本书以道德决策模型为理论基础，基于个体消费者视角，从企业社会责任缺失的归因中企业失责和消费者失责两个方面，构建了消费者对企业社会责任缺失的归因与消费者响应意愿的影响关系模型，以研究消费者对企业社会责任缺失的归因（本书后续内容将"消费者对企业社会责任缺失的归因"简称为"CSI 归因"）中的企业失责和消费者失责对消费者惩罚意愿和消费者弥补意愿的影响及其作用机制和作用条件。

本书采用了访谈法、实验法和问卷调查法等定性与定量相结合的研究方法，通过四个具有逻辑关联性的研究，回答所提出的研究问题：(1) 通过访谈法对 CSI 归因，以及消费者对企业社会责任缺失成因的理解、消费者失责的表现等进行探索性研究；(2) 通过两项前测，选取后续研究设计所需的企业社会责任缺失情景，为 CSI 归因编制启动材料。随后，研究一（CSI 归因影响消费者响应意愿的主效应研究）采用实验法进行 CSI 归因影响消费者响应意愿主效应的检验；(3) 研究二（愤怒和愧疚对 CSI 归因影响消费者响应意愿的中介作用研究）采用实验法重复检验 CSI 归因对消费者响应意愿的影响，同时检验愤怒和愧疚的中介作用；(4) 研究三（道德认同的调节作用）采用问卷调查法对研究模型中的构念进行测量，以检验道德认同的调节作用。

在已有文献的基础上，本书提炼出 CSI 归因中消费者失责的表现，并且发现消费者能够从"受消费者影响的企业社会责任缺失"中意识到消费者失责并做出响应。本书研究的实证结果表明，CSI 归因中的企业失责正向影响消费者惩罚意愿；CSI 归因中的消费者失责正向影响消费者弥补意愿；愤怒在 CSI 归因中的企业失责对消费者惩罚意愿的影响中具有显著的中介作用；愧疚在 CSI 归因中的消费者失责对消费者弥补意愿的影响中具有显著的中介作用；道德认同高时（相较于道德认同低时），愤怒在 CSI 归因中的企业失责对消费者惩罚意愿的影响中所起的中介作用更大，愧疚在 CSI 归因中的消费者失责对消费者弥补意愿的影响中所起的中介作用更大。

本书从 CSI 归因中的企业失责和消费者失责两个方面，研究了"受消费者影响的企业社会责任缺失"的归因问题，完善了消费者失责的具体表现，从而丰富企业社会责任缺失归因文献。在关注 CSI 归因中企业失责影响消费者惩罚意愿的同时，本书构建并验证了消费者失责对消费者弥补意愿的影响及其作用机制和作用条件，丰富了企业社会责任缺失与消费者响应的关系研究。本书的研究结果还有助于企业认识 CSI 归因中的企业失责和消费者失责带来的不同影响结果，指导企业随时关注消费者对企业行为的情感和响应，并且为消费者在日常消费中管理消费者失责、减少因消费而助长的企业社会责任缺失提供指导建议。

本书不仅可作为企业伦理、营销伦理、商业伦理、社会营销等课程学习的参考阅读书目，也可作为相关领域的学术工作者、实践者开展理论研究和管理实践的参考指南。

目 录

第一章 导 论 ··· 1

第一节 企业社会责任缺失研究背景 ·· 3

第二节 企业社会责任缺失研究的问题 ···································· 8

第三节 研究企业社会责任缺失的目的和意义 ······················ 11

　一、研究企业社会责任缺失的目的 ···································· 11

　二、研究企业社会责任缺失的意义 ···································· 12

第四节 本书研究思路、方法及特色 ······································ 14

　一、研究思路 ·· 14

　二、研究方法 ·· 18

　三、技术路线 ·· 21

　四、本书特色 ·· 22

第二章 企业社会责任缺失概述 ·· 27

第一节 企业社会责任缺失的定义和分类 ······························ 29

　一、企业社会责任缺失的定义 ·· 29

　二、企业社会责任缺失的维度及分类 ································ 34

第二节 企业社会责任缺失研究的理论基础和研究方法 ······ 36

　一、企业社会责任缺失研究的理论基础 ···························· 36

　二、企业社会责任缺失的研究方法 ···································· 37

三、本节小结 ·· 39
第三节　企业社会责任缺失的归因研究 ························ 40
　　一、归因理论 ·· 40
　　二、企业社会责任缺失归因中的企业失责 ················ 42
　　三、企业社会责任缺失归因中的消费者失责 ············· 45
　　四、企业社会责任缺失归因中的其他责任 ················ 51
第四节　企业社会责任缺失与消费者响应 ···················· 52
　　一、企业社会责任缺失对消费者响应的影响 ············· 52
　　二、企业社会责任缺失影响消费者响应的作用机制 ···· 56
　　三、企业社会责任缺失影响消费者响应的作用条件 ···· 61
第五节　道德净化效应 ·· 64
第六节　本章小结 ·· 67

第三章　道德决策模型与企业社会责任缺失研究框架　85
第一节　道德决策模型 ·· 87
第二节　CSI 归因中的企业失责与消费者惩罚意愿 ········ 89
第三节　CSI 归因中的消费者失责与消费者弥补意愿 ····· 91
第四节　道德情感在 CSI 归因影响消费者响应意愿中的中介作用 ··· 93
　　一、愤怒的中介作用 ·· 94
　　二、愧疚的中介作用 ·· 95
第五节　道德认同在 CSI 归因影响消费者响应意愿中的调节作用 ··· 97
第六节　本章小结 ·· 101

第四章　CSI 归因中的消费者失责　109
第一节　对 CSI 归因中消费者失责的探索性研究 ········ 111
第二节　企业社会责任缺失的表现及原因 ················· 113
第三节　消费者失责的表现 ···································· 115

一、消费者不良需求（需要）或消费观 …………………………… 115
　　二、消费者过度消费 ……………………………………………… 116
　　三、消费者对社会责任缺失企业的纵容 ………………………… 116
　　四、消费者缺乏亲社会行为 ……………………………………… 117
　　五、消费者不重视环保 …………………………………………… 118
　第四节　受消费者影响的企业社会责任缺失 ……………………… 118
　第五节　消费者失责与消费者响应 ………………………………… 119
　第六节　本章小结 …………………………………………………… 121

第五章　CSI 归因与消费者惩罚意愿、弥补意愿 ………………… 123
　第一节　选择企业社会责任缺失事件 ……………………………… 125
　　一、研究设计 ……………………………………………………… 125
　　二、消费者对企业社会责任缺失事件的评价 …………………… 126
　　三、本节小结 ……………………………………………………… 128
　第二节　CSI 归因的启动材料 ……………………………………… 129
　第三节　CSI 归因对消费者惩罚意愿和弥补意愿的影响 ………… 132
　　一、研究过程 ……………………………………………………… 132
　　二、研究结果 ……………………………………………………… 133
　　三、本节小结 ……………………………………………………… 135

第六章　道德情感、道德认同在 CSI 归因影响消费者响应意愿
　　　　中的作用 …………………………………………………… 137
　第一节　愤怒和愧疚中介作用的实证研究 ………………………… 139
　　一、研究设计和程序 ……………………………………………… 139
　　二、研究结果 ……………………………………………………… 141
　第二节　蔑视、厌恶、羞耻和尴尬中介作用的实证研究 ………… 144
　第三节　道德认同调节作用的实证研究 …………………………… 145

3

一、构念测量 ·· 146
　二、预调研 ·· 147
　三、正式调研 ·· 149
　四、本节小结 ·· 155

第七章　研究结论、研究启示和未来研究展望 ················· 159
　第一节　研究结论 ·· 161
　第二节　理论启示 ·· 162
　第三节　实践启示 ·· 165
　第四节　研究局限性与展望 ···································· 167

参考文献 ·· 173

附　录 ·· 194
　附录一　访谈提纲 ·· 194
　附录二　企业社会责任缺失事件及责任归因问题测量举例 ········ 196
　附录三　调研问卷（研究三） ································· 200

第一章

导 论

第一节 企业社会责任缺失研究背景

近年来，企业社会责任缺失事件（CSI事件）时常发生。电子科技大学经济与管理学院和《南方周末》中国企业社会责任研究中心发布的《中国企业社会责任缺失警示年度报告（2023）》显示，2022年，个体企业社会责任缺失事件（单个企业发生的CSI事件）共计发生1273件，比2021年增加了35件，总体上呈现出递增趋势；集体企业社会责任缺失事件（两个或两个以上企业共同发生的CSI事件）有142件，比2021年减少了153件，尽管集体CSI事件发生频率较低，但涉及企业多，因而影响面更广，对社会公共利益的危害也更大。另外，《南方周末》中国企业社会责任研究中心自2019年9月开始每月都会评选出"十大企业社会责任警示事件"，截至2023年12月，共评选出510件月度十大企业社会责任缺失事件。这些事件涉及消费者责任、守法合规、安全与健康、商业伦理与责任治理、公平运营、环境责任和员工责任等众多领域，其中，环境保护CSI事件与员工责任CSI事件、公平运营CSI事件在2022年的114件月度"十大企业社会责任警示事件"中位居前三位。这些企业社会责任缺失事件受到社会广泛关注，学者们也日益重视对企业社会责任缺失的研究。

现实中有一类企业社会责任缺失事件，与消费者的不良需求或需要、消费习惯及消费者参与（Participation）有直接或间接的关系，本书称为"受消费者影响的企业社会责任缺失"。例如，当前我国快递业发展迅速，中华人民共和国国家邮政局公布的邮政行业运行情况显示，2023年，我国邮政行业寄递业务累计完成1624.8亿件，同比增长16.8%。其中，快递业务（不包含邮政集团包裹业务）累计完成 1320.7 亿件，同比增长 19.4%。❶ 然而，目前我国快递包装垃圾的总体回收率不足 20%，其中纸盒回收率不到 50%，塑料袋和填充物等包装垃圾的回收率几乎为零❷。快递业繁荣的背后，是大量快递包装垃圾带来的环境污染问题，这体现了企业在环境保护方面的责任缺失。究其原因，一方面，快递企业为了控制成本使用非标准材料，且快递业尚未形成完善的快递包装循环体系。另一方面，很多消费者过度追求豪华包装，从而导致快递包装垃圾数量的增长；加之多数消费者缺乏垃圾分类处理经验，绿色环保意识薄弱，随手丢弃快递包装废弃物，也增加了快递包装垃圾回收及循环利用的难度。过度消费和不合理消费加剧了资源环境问题，消费带来的电子废弃物问题、垃圾问题以及快递行业过度包装问题都非常严重。改革开放以来，尽管消费对经济增长有突出贡献，但其对资源环境的压力也逐渐增大，成为环境污染的主要来源之一。尽管既往研究表明企业社会责任缺失发生后，人们会对它发生的原因、责任判断进行归因，但是现有企业社会责任缺失研究文献较多地从企业层面分析了企业社会责任缺失的驱动因素，而对企业社会责任缺失的责任判断研究相对有限，并且"受消费者影响的企业社会责任缺失"的归因问题尚未受到重视。

　　实际上，在"受消费者影响的企业社会责任缺失"中，企业和消费者均具有促成作用。现有企业社会责任缺失的相关文献表明，企业社会责任缺失受到企业文化（如利益导向、追求冒险）、企业的经营管理（如经营不善、董事会构成）、企业管理者特质（如领导者道德水平低）等企业因素的驱动。尽管这些发现为研究"受消费者影响的企业社会责任缺失"的归因提供了有利的参考，但仍需要在"受消费者影响的企业社会责任缺失"情境下，探究 CSI 归因中的企业失责是否影响及如何影响消费者对企

---

❶ 国家邮政局公布 2023 年邮政行业运行情况 ［EB/OL］（2024 - 01 - 22）［2024 - 01 - 26］. https：//www. gov. cn/lianbo/bumen/202401/content_6927477. htm.
❷ 我国快递塑料袋回收率几乎为 0! 快递业繁荣的背后，谁为污染之痛负责? ［EB/OL］（2019 - 12 - 13）［2020 - 07 - 10］. http：//finance. ifeng. com/c/7sMjPkQJp10.

业的响应。在"受消费者影响的企业社会责任缺失"中，消费者的不良需求具有促进作用。例如，学者们认为消费者对价格低且更新快的时装的追捧，在一定程度上应该为2013年孟加拉国拉纳广场工厂倒塌事件中死亡的一千多名工厂职员承担部分责任[1]。此外，研究发现消费者参与生产有助于降低消费者对责任缺失企业产品的购买意愿[2]，这反映了消费者与企业社会责任缺失之间的关系。但是，目前为止，仅有个别文献明确定义并研究了CSI归因中的消费者失责问题，即沙伊德勒和埃丁格-肖恩斯（Scheidler and Edinger-Schons）首次定义了消费者失责，并指出"还没有研究确定企业社会责任缺失中的消费者失责路径与企业失责路径共同存在"[3]。因此，有必要在研究企业社会责任缺失的同时探究企业失责和消费者失责的潜在影响，关注消费者可以承担的责任，以进一步探索消费者失责的表现及其影响。

为什么要关注消费者失责在CSI归因中的作用？在商业研究以及实践中，消费者在界定企业社会责任缺失中具有重要作用，其响应企业社会责任缺失的重要性日益凸显[4]。消费者是界定企业社会责任缺失行为的主体之一。消费者的主观感知有助于其理解企业的外部环境及企业与环境的互动，这对企业社会责任缺失与否的判断至关重要。当消费者主观上认为一个事件是社会责任缺失事件时，在消费者心目中它就是企业社会责任缺失事件[5]。此外，消费者是企业非常重要的利益相关者之一，中西方学者日益重视消费者对企业社会责任缺失的感知、情感及行为响应，并从消费者视角展开了较为丰富的企业社会责任缺失研究。本书将从以下三个方面关注并具体阐释CSI归因中消费者失责的原因。

首先，消费者在面对企业社会责任缺失时，所表现出来的反应越来越激烈，这给企业造成极大的负面影响，故全面洞察消费者对企业社会责任缺失的响应对企业的生存和发展具有重要意义[5]。而且，由于既有文献主要是从战略或制度视角进行企业社会责任缺失研究，而研究消费者层面的企业社会责任缺失归因能够帮助学者们更深入地了解企业社会责任缺失的心理响应机制[6]。

其次，消费者对所购买产品或服务伦理属性的重视有助于增强企业的社会责任。消费者通过抵制（Boycotting）或购买（Buying）等伦理消费行为进行消费者投票（Voting），而这种购买过程中的投票行为构建了消费者所属的社会[8]。

最后，近年来，我国政府相关部门在倡导公众素养提升方面做出了很多努力，但是，公众环境与健康素养、金融素养等仍需要进一步提升。例如，2016年中国人民银行正式建立消费者金融素养问卷调查制度，2017年开始每两年全面开展一次消费者金融素养问卷调查；在对《中国公民环境与健康素养（试行）》进行修订后，2020年7月23日，生态环境部发布了《中国公民生态环境与健康素养》。然而，2020年8月，生态环境部发布的《首次中国居民环境与健康素养调查结果》显示，2018年，我国居民环境与健康素养的总体水平为12.5%，即平均每100个15岁至69岁的居民中，具备基本环境与健康素养的不足13人，具备环境与健康基本知识的居民占比为5.8%，科学知识水平为3.5%，掌握环境健康问题正确有效举报和投诉技能的居民占10%左右，这些数据并不乐观。生态环境部发布的《2022年中国居民环境健康素养监测结果》显示，我国居民环境健康的基本知识素养水平虽大幅提升但依然偏低，而基本知识传播、基本行为和技能素养水平也提升缓慢，且城乡居民环境健康素养水平差距较大。居民环境健康素养水平既是新时代生态环境保护事业不断向前发展的驱动因素，又是建设美丽中国和健康中国的重要内容。

实际上，公众环境与健康素养、金融素养等的养成和提升与他们日常消费活动密切相关，这些素养的缺乏对企业社会责任缺失有着直接或间接的助长作用。例如，消费中购买节水产品、节能家电，绿色消费（如少购买一次性用品、邮寄快递时使用绿色包装、减少包装数量等），实施垃圾回收利用，革除交易、滥食野生动物陋习等消费行为和习惯不仅有助于提升消费者的环境与健康素养，也有助于促进企业履行社会责任。相反，消费者选择高能耗、高污染的产品，不合理使用快递包装、处置垃圾，滥食野生动物等消费行为会助长企业缺乏社会责任的生产和经营行为[9]。随着线上购物的普及，网络消费平台日益增多，消费者通过网络消费终端购买产品或服务带来的环境外部性问题也越来越多，如食品外卖、物流行业产生的包装垃圾。在当前人们日益关注资源短缺、环境污染等社会问题的情境下，如何促使消费者承担应有的社会责任、把消费给环境和社会带来的负面影响最小化、把社会责任消费融入消费者的日常生活，是当今学者应关注的一个重要议题[10]。因此，鉴于消费者响应企业社会责任缺失对企业的意义，以及消费者的消费理念和消费行为在减少企业社会责任缺失、促进社会责任消费和提升公众素养方面的积极作用，本书认为，有必要研究消费者失责在企业社会责任缺失中可能发挥的作用。

发生社会责任缺失事件后，企业对消费者、投资者、员工的吸引力将大幅下降，甚至会带来法律诉讼、财务损失、资本成本上升、市场份额下降、合作伙伴流失等负面结果。同时，企业社会责任缺失行为也会给国家、社会、消费者带来财产损失，甚至威胁人民生命安全。关于企业社会责任缺失带来的影响，个体消费者视角下的企业社会责任缺失文献探究了消费者对企业的负面响应，如对品牌和企业的负面态度、负面口碑、惩罚意愿和抗议意愿等[11-13]，相较而言，关注CSI归因中消费者失责情境下，消费者对企业的响应及其作用机制的研究仍非常有限。此外，当前企业社会责任缺失研究主要在德国、瑞士、葡萄牙、意大利、美国、加拿大等西方情境下展开，来自新兴经济国家的研究成果仍然不足。

总的来讲，随着企业社会责任缺失的文献逐渐增多，学者们对企业社会责任缺失现象进行的理论研究，为开展实践研究奠定了良好的理论基础。但是，现有企业社会责任缺失研究有以下不足：（1）企业社会责任缺失文献对CSI归因中的责任判断研究不足，尚未重视"受消费者影响的企业社会责任缺失"的归因问题；（2）既有文献对促成企业社会责任缺失的企业方面的驱动因素进行了较丰富的研究，但尚未具体到"受消费者影响的企业社会责任缺失"归因中消费者感知到企业失责后会如何响应；（3）现有研究忽略了 CSI 归因中的消费者失责问题，未能充分探析 CSI 归因中消费者失责的表现、影响结果、作用机制和作用条件；（4）相较于组织视角下的企业社会责任缺失研究，个体视角下的企业社会责任缺失研究仍较为有限，并且现有企业社会责任缺失研究主要在西方情境下进行，缺少来自新兴经济体的研究结果。因此，本书将围绕消费者对"受消费者影响的企业社会责任缺失"的归因问题，在个体消费者视角下，从企业和消费者两个责任主体，即 CSI 归因中的企业失责和消费者失责两个方面，进行更为系统和全面的 CSI 归因与消费者响应意愿的关系研究。

第二节 企业社会责任缺失研究的问题

鉴于现实中企业社会责任缺失事件时有发生，给消费者、员工、政府、环境等带来极大的负面影响，而理论研究也越来越重视企业社会责任缺失问题，因此根据现有企业社会责任缺失研究存在的不足，本书构建了 CSI 归因与消费者响应意愿的影响关系模型，重点关注消费者对"受消费者影响的企业社会责任缺失"归因中的企业失责和消费者失责问题，具体研究问题如下：

（1）在对企业社会责任缺失进行归因时，消费者能否感知到消费者失责？消费者失责有哪些表现？

企业社会责任缺失事件发生以后，人们会对事件发生的原因进行推断，并对此事件进行责任划分。已有的企业社会责任缺失研究从企业的外部环境、内部文化、企业管理、动机等方面解释了企业社会责任缺失事件发生的原因。然而，近年来，关于企业社会责任缺失的归因研究中消费者在企业社会责任缺失中应承担责任的讨论越来越多[14]。2020 年，沙伊德勒和埃丁格尔-肖恩斯提出了要关注企业社会责任缺失追责中消费者的作用并专门定义了消费者失责[3]。但是，该定义只关注了消费习惯在企业社会责任缺失中的作用，忽略了其他可能存在影响的消费者因素，他们既未对消费者失责的表现进行全面的讨论，也没有充分地解答消费者失责存在于哪些企业社会责任缺失当中。

　　研究表明，消费者缺乏社会责任的消费行为会导致企业在生产和经营过程中出现不负责任的行为。如果消费者在购买和消费过程中能够做到不知假买假，对不讲信誉、破坏环境等责任缺失企业的产品或服务进行抵制，则有助于促进企业履行社会责任；相反，如果消费者在消费中不考虑环境和社会后果、放任甚至为了满足虚荣心而消费假冒伪劣产品，对企业责任缺失行为视而不见，企业就会为了满足消费者需求而增加责任缺失行为。因此，需要对消费者失责进行更丰富的研究，并了解其具体表现。此外，有限的消费者失责研究是以德国消费者为研究对象的，由于中西方文化的差异，中国消费者能否同样意识到企业社会责任缺失中的消费者失责，尚没有研究给出回答。因此，本书将要研究的一个问题是：对我国消费者而言，在对企业社会责任缺失进行归因时，消费者能否感知到消费者失责？消费者失责有哪些表现？

　　（2）CSI归因中的企业失责和消费者失责是否影响消费者响应意愿？

　　认知失调理论表明，人的认知或行为之间存在不一致感知时，会引发不适感。这种不适感会进一步激发人们采取策略减少不一致，如改变行为。道德平衡理论表明，人们对自身存在道德自我感知（Moral Self-worth），并会将一个道德平衡点作为自身道德水平的参照。当人们违反某些道德准则时，不道德行为就会对自我价值感知产生负面影响，寻求平衡的解决方案会引导人们追求道德行为[15]。因此，本书认为，如果消费者意识到企业社会责任缺失的归因中存在消费者失责，根据道德平衡理论的观点，消费者可能会认为道德自我感知受到了负面影响，当其又想维持积极的自我价值感知时，就会产生认知失调，为减少失调感知带来的不适，消费者可能会采取措施做出改变，而通过道德行为来弥补道德自我感知受到

9

的威胁是较为常见的方式[16]。

关于伦理消费方面的研究表明，消费者会做出符合伦理要求的选择从而对以往的非伦理行为进行补偿。例如，格雷戈里-史密斯、史密斯和温克霍弗（Gregory-Smith, Smith and Winklhofer）发现被试会通过购买公平贸易的产品、慈善捐赠等方式弥补以往的非伦理行为[17]。也有研究表明，消费者违背道德规范会引起个体内部的补偿行为以重新获取积极的自我道德形象[18]。由于人们在归因时，会同时进行内部归因和外部归因[19]，从消费者的角度看，多数情况下，企业社会责任缺失是由外部的企业责任导致的，尽管国外学者已经较充分地研究了促成企业社会责任缺失的企业因素，但国内关于这方面的研究仍较少，并且现有企业社会责任缺失文献缺乏对"受消费者影响的企业社会责任缺失"归因中企业失责的研究。因此，本书将探讨 CSI 归因中的消费者失责和企业失责的影响结果，具体来讲，就是研究消费者失责是否会引发消费者的弥补意愿，以及企业失责是否影响消费者的惩罚意愿。

（3）如果 CSI 归因中的企业失责和消费者失责影响消费者响应意愿，则这种影响发生的作用机制和作用条件是什么？

以往的企业社会责任缺失研究表明，企业社会责任缺失作用于消费者响应的中介变量有与消费者愤怒、蔑视、同情等内在心理表现相关的变量，以及消费者对企业品牌等相关外在变量的感知，如消费者的企业道德水平感知。国外学者们验证了道德情感（特别是消极道德情感）在企业社会责任缺失对消费者响应的影响中具有稳定的中介作用。由于中国文化和西方文化存在差异，消费者在情感的表达上有各自的特点，所以，需要增加不同文化情境下道德情感的中介作用检验。同时在企业社会责任缺失情境下，消费者失责还是一个新出现的、尚未受到广泛关注的概念，还没有研究探讨消费者失责如何作用于消费者响应。基于此，本书试图以中国消费者为被试，检验道德情感在 CSI 归因中的企业失责影响消费者响应意愿的过程中存在中介作用，以及研究 CSI 归因中的消费者失责如何影响消费者响应意愿。

此外，以往的企业社会责任缺失影响消费者响应的作用条件研究较多地关注了消费者自我的概念、集体自恋等个性特征的调节作用。道德认同是由一系列道德品质组成的一种自我概念，具有相对的稳定性，道德认同高者会努力保持他们的道德自我概念和道德行为之间的一致性，所以道德认同越高，它与道德认知和道德行为之间的联系越强[20]。在企业社会责任缺失情境下，道德认同可能会调节 CSI 归因与消费者响应的关系。因此，本书试图回答：CSI 归因中的企业失责和消费者失责如何影响消费者响应意愿？道德认同能否调节这种影响关系？

第三节　研究企业社会责任缺失的目的和意义

一、研究企业社会责任缺失的目的

对 CSI 归因与消费者响应意愿的关系进行研究的目的在于：（1）从消费者个体层面构建 CSI 归因与消费者响应意愿的影响关系研究模型，以丰富企业社会责任缺失研究文献；（2）研究 CSI 归因中的消费者失责问题并探究其具体表现，回应沙伊德勒和埃丁格尔-肖恩斯[4]、张婷和周延风[21]提出的重视消费者失责问题研究，以增加企业社会责任缺失中的消费者失责文献数量；（3）检验 CSI 归因中的企业失责和消费者失责对消费者响应社会责任缺失企业意愿的影响，以明确 CSI 归因的影响结果，检验企业失责是否增加消费者惩罚意愿，以及消费者失责是否引发消费者弥补意愿；（4）研究道德情感的中介作用，以了解 CSI 归因中企业失责和消费者失责如何影响消费者对社会责任缺失企业的响应意愿；（5）检验道德认同的调节作用，以了解消费者个体的道德品质在企业社会责任缺失情境下的影响作用。

二、研究企业社会责任缺失的意义

本书对丰富现有企业社会责任缺失的研究、帮助企业洞察CSI归因及如何响应企业社会责任缺失具有理论和实践的双重意义。

本书研究的理论意义体现在：

第一，丰富了企业社会责任缺失的归因文献。在现有企业社会责任缺失文献对企业社会责任缺失归因中的责任判断研究不足、尚未重视"受消费者影响的企业社会责任缺失"归因问题的背景下，本书从CSI归因的企业失责和消费者失责两个方面，研究"受消费者影响的企业社会责任缺失"的归因问题，通过实验启动和测量的方式对CSI归因中的企业失责和消费者失责的影响结果进行研究，丰富了企业社会责任缺失归因的责任判断研究。此外，CSI归因中的消费者失责是一个新兴的概念，目前仅个别研究开始关注它，因此本书探索CSI归因中消费者失责的表现及结果，有助于丰富企业社会责任缺失的归因研究。

第二，丰富和拓展了企业社会责任缺失与消费者响应的关系研究。以往企业社会责任缺失的归因研究尚未具体到"受消费者影响的企业社会责任缺失"的归因中消费者感知到企业社会责任缺失中的企业失责后，消费者如何对缺乏社会责任的企业做出响应。此外，以往企业社会责任缺失研究运用道德情感类别中的谴责他人的情感（如愤怒、蔑视）来解释企业社会责任缺失如何影响消费者响应，且结果变量主要为消费者对企业或品牌的感知响应（如企业品牌形象、声誉、价值、道德感知）[22-24]、态度响应[25-27]和行为响应（如负面口碑、责备、抱怨、抵制或抗议）[5-6]，却忽略了消费者感知到企业社会责任缺失中的消费者失责后可能产生的影响结果。本书检验了CSI归因中企业失责对消费者惩罚意愿的影响及其作用机制和作用条件，认为道德情感类别中谴责自我的情感（愧疚）会影响CSI归因中的消费者失责对责任缺失企业的弥补意愿。因而，有助于丰富企业社会责任缺失与消费者响应关系研究的文献，拓展企业社会责任缺失的作用机制和影响结果研究。

第三，本书丰富了现有企业社会责任缺失研究的研究视角和研究情境。相较于组织视角的企业社会责任缺失研究，从个体视角开展的企业社会责任缺失研究仍比较有限，特别是研究企业社会责任缺失个体心理机制的文献比较缺乏。因此，从个体视角开展企业社会责任缺失研究，弥补了现有企业社会责任缺失研究以组织视角为主的不足，关注企业社会责任缺失归因中个体消费者的因素，回应了学者们对个体层面企业社会责任缺失研究的呼吁。此外，企业社会责任缺失文献以国外研究居多，国外学者在研究企业社会责任缺失时，其研究被试多来自欧美发达国家，如英国[28]、美国[29]，其所选用的企业社会责任缺失情境也是国外行业、品牌或产品相关的企业社会责任缺失事例。因此，在中国情境下，选用中国消费者熟悉的企业社会责任缺失情境研究企业社会责任缺失，有助于丰富现有企业社会责任缺失研究情境，并为其结论的一般适用性提供依据。

本书研究的实践意义体现在：

第一，通过研究企业社会责任缺失引起企业、消费者、政府对企业社会责任缺失问题的关注和重视，为减少企业社会责任缺失的发生提供建议。频发的企业社会责任缺失给社会和公众带来极大的危害。企业在利益驱动下，发生社会责任缺失行为，或没有意识到应承担的社会责任；消费者的部分消费需求、行为或习惯助长了企业社会责任缺失。因而，研究企业社会责任缺失有助于企业了解消费者对企业社会责任缺失的负面响应，从而促使企业为减少来自消费者的负面响应，采取措施避免"做坏事"，让消费者意识到他们在企业社会责任缺失中可能存在的助长作用，促进消费者认识到他们行为带来的后果，从而合理规划消费需求、购买行为，以帮助减少企业社会责任缺失。

第二，研究CSI归因中消费者对企业社会责任缺失不同的责任判断，有助于企业及政府或相关机构洞察消费者面对企业社会责任缺失时的责任归属。本书认为，消费者在对企业社会责任缺失进行责任分配时，同时存在着企业失责和消费者失责。研究 CSI 归因中消费者失责的具体表现，有助于企业识别哪些是消费者合理的、健康的消费需求，从而避免了为满足消费者不负责任的需求而在生产与销售中出现对社会不负责任的行为。同时，企业在品牌形象塑造过程中可以加强对有益于社会、有益于人类生态圈和谐发展的消费者需求、消费观念的引导。此外，本书还可以指导政府或相关机构通过教育、宣传等干预手段鼓励消费者转变消费观念、减少不负责任的消费，成为有责任意识的消费者，从消费端倒逼企业减少企业社会责任缺失。

第三，研究 CSI 归因与消费者响应意愿的关系，有助于企业、消费者认识到消费者对企业社会责任缺失的归因所带来的影响结果，从而提醒企业随时关注消费者对企业行为的情感和行为响应，同时提醒消费者反思自己的消费行为并对失责行为做出相应的弥补。本书认为，CSI 归因中的企业失责会引发消费者对企业的愤怒，进而增加其对社会责任缺失企业的惩罚意愿；CSI 归因中的消费者失责会引发消费者的愧疚，进而增加其对责任缺失企业的弥补意愿。本书的研究结果将有助于企业了解消费者把企业社会责任缺失归因于企业以后，所产生的对企业的愤怒和负面响应意愿，因而，企业应关注其责任缺失行为的可能后果，以免引起众怒而受到消费者惩罚。对消费者而言，当其意识到自身在企业社会责任缺失中的助长作用后，可以通过补偿行为弥补自己的失责。

第四节 本书研究思路、方法及特色

一、研究思路

本书围绕 CSI 归因与消费者响应意愿的关系展开研究。首先，介绍了研究背景、研究问题、研究目的、现有企业社会责任缺失研究所使用的研究方法及本书研究将采用的研究方法,并回顾了企业社会责任缺失的研究现状、介绍了本书的理论依据。其次,在现有企业社会责任缺失研究的基础上提出本书的研究假设。再次,通过定性研究和定量研究对研究问题进行回答。本书所开展的四个研究具有紧密的逻辑关系,具体表现在:(1)以个人深度访谈法对 CSI 归因的探索性研究为企业社会责任缺失归因中的消费者失责提供了进一步的依据,总结了消费者失责的具体表现、存在消费者失责的企业社会责任缺失类型,为后续实证研究的开展奠定了基础;(2)在 CSI 归因影响消费者响应意愿的主效应研究(研究一)中,本书进行了两个前测,选择了企业社会责任缺失情景、设计了 CSI 归因启动材料,通过实验法启动 CSI 归因中的企业失责和消费者失责,然后,进行了 CSI 归因影响消费者响应意愿的正式研究;(3)研究二采用实验法重复验证 CSI 归因影响消费者响应意愿的主效应,同时增加了对中介机制的检验;(4)研究三采用了问卷调查法对主效应、中介效应进行重复检验,同时增加了调节效应的检验,以检验研究模型的外部效度和一般适用性。这四个研究的逻辑按照确定前提条件(CSI 归因中存在消费者失责及明确其表现)—主效应—作用机制—作用条件的路线进行,逐步递进,这四个研究体现了科学研究的可重复性、因果关系及外部效度。研究二的发现是对研究一结果的重复检验,而且二者是因果关系研究,研究三通过改变研究方法来验证研究结果的一般适用性,体现了本书研究较好的外部效度。最后,本书对研究结果进行总结,提出了本书的理论启示和实践启示,以及研究的局限性,提出未来研究建议。

本书的具体章节内容安排如下(见图 1-1):

第一章为导论。本章结合企业社会责任缺失的现实及以往企业社会责任缺失的理论研究对本书的研究背景进行了概述,针对当前企业社会责任缺失研究存在的不足提出了本书拟解决的三个研究问题,进一步阐述了本书研究的目的及意义,以及本书的研究思路、所采用的研究方法和研究的特色之处。

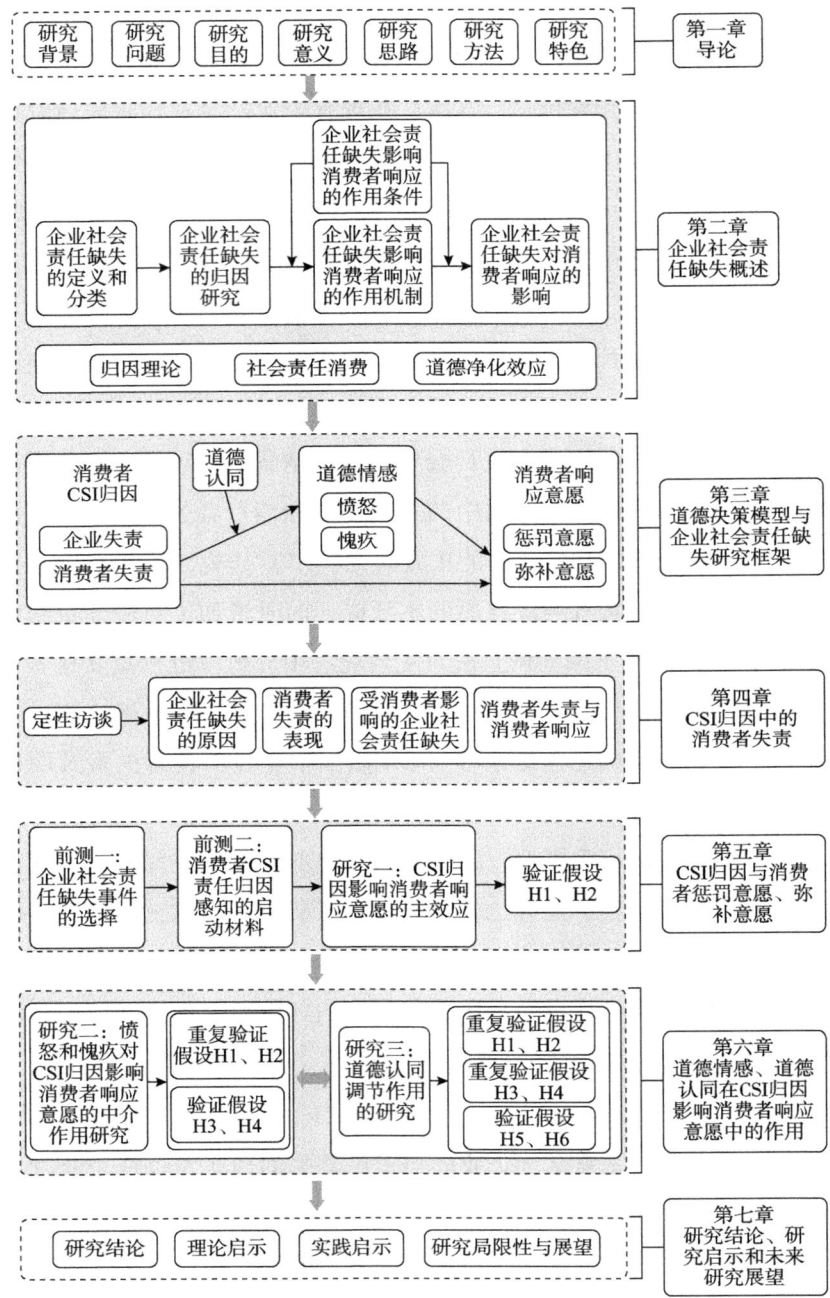

图1-1 本书结构

第二章为企业社会责任缺失概述。本章对现有的企业社会责任缺失研究现状以及与本书有密切关系的理论和文献进行了论述，具体从企业社会责任缺失的定义及分类、企业社会责任缺失研究的理论基础和研究方法、企业社会责任缺失的归因研究（包括归因理论，企业社会责任缺失归因中的企业失责、消费者失责等）、企业社会责任缺失与消费者响应（包括企业社会责任缺失对消费者响应的影响、企业社会责任缺失影响消费者响应的作用机制和企业社会责任缺失影响消费者响应的作用条件）、道德净化效应等方面展开，然后对现有文献进行了总结。

第三章为道德决策模型与企业社会责任缺失研究框架。本章介绍了道德决策模型，并通过 CSI 归因对消费者响应意愿的影响（包括 CSI 归因中的企业失责与消费者惩罚意愿、CSI 归因中的消费者失责与消费者弥补意愿）、愤怒和愧疚的中介作用、道德认同的调节作用进行变量间关系的推导，提出本书的研究假设。

第四章为 CSI 归因中的消费者失责。本章介绍了围绕 CSI 归因进行的探索性研究，阐述了 CSI 归因中消费者失责的具体表现。

第五章为 CSI 归因与消费者惩罚意愿、弥补意愿。本章首先根据消费者对企业社会责任缺失事件的评价选择了特定企业社会责任缺失事件作为后续研究的情境，设计了企业社会责任缺失归因的实验材料，并通过实验研究检验了 CSI 归因对消费者响应意愿的影响。

第六章为道德情感、道德认同在 CSI 归因影响消费者响应意愿中的作用。本章介绍了多项实证研究的研究过程和研究结果，包括愤怒和愧疚中介作用的实证研究、道德认同调节作用的实证研究。

第七章为研究结论、研究启示和未来研究展望。本章概括了本书的研究结论，总结了理论启示和实践启示，阐述了本书研究的不足并提出了对未来研究的展望。

二、研究方法

学者们在研究企业社会责任缺失时,使用了二手数据法、调查法、实验法。其中,在二手数据法的运用过程中,学者们采用 KLD（Kinder, Lydenberg and Domini）数据库中企业在社区、公司治理、多样化、员工关系、环境、人权和产品等方面的负面表现来解释企业社会责任缺失[30]。在一篇综述文章中作者们表明,当前针对营销负面事件的研究在研究方法上缺乏多元性,建议未来研究使用多元化的研究方法[31]。因此,本书在回顾了已有企业社会责任缺失研究所使用的研究方法的基础上,综合使用多种研究方法获取数据,以更全面地回答本书研究的问题、检验研究发现的稳定性和有效性。本书所用的研究方法具体如下：

（1）文献研究法。

通过对国内外权威及常用数据库 Web of Science、Scopus、EBSCO Discovery Service、ProQuest Research Library、SpringerLink Journals、Wiley Online Library、中国知网学术期刊数据库等,使用 Corporate Social Irresponsibility、Corporate Wrongdoing、Corporate Illegality、Corporate Misconduct、Financial Fraud、"企业社会责任缺失"、"企业不负责任"、"企业社会责任失范"或"企业社会失责"等关键词检索中英文文献资料,系统梳理现有国内外企业社会责任缺失文献。尤其是关注了主流管理学及营销学期刊《美国管理学会学报》（*Academy of Management Journal*）、《美国管理学会评论》（*Academy of Management Review*）、《管理科学季刊》（*Administrative Science Quarterly*）、《商业与社会》（*Business & Society*）、《商业伦理季刊》（*Business Ethics Quarterly*）、《应用心理学杂志》（*Journal of Applied Psychology*）、《商业伦理学杂志》（*Journal of Business Ethics*）、《管理学杂志》（*Journal of Management*）、《管理研究学刊》（*Journal of Management Studies*）、《职业与组织心理学杂志》（*Journal of Occupational and Organizational*

Psychology)、《组织行为学杂志》(Journal of Organizational Behavior)、《组织行为和人类决策过程》(Organizational Behavior and Human Decision Processes)、《组织科学》(Organization Science)、《组织学刊》(Organization Studies)、《人事心理学》(Personnel Psychology)、《战略管理杂志》(Strategic Management Journal)、《市场营销杂志》(Journal of Marketing)、《消费者研究杂志》(Journal of Consumer Research)、《市场营销研究杂志》(Journal of Marketing Research)、《市场营销科学》(Marketing Science)、《市场营销科学院学报》(Journal of Academy Marketing Science) 上有关企业社会责任缺失的研究成果，对检索结果的标题、摘要和全文进行浏览后，下载与企业社会责任缺失密切相关的文献。文献检索过程中本书遵循的是布尔逻辑检索，即利用布尔逻辑运算符连接各个检索词，然后由计算机进行相应逻辑运算，以找出所需信息的方法。常用的布尔逻辑运算符有三种——逻辑或"OR"、逻辑与"AND"、逻辑非"NOT"，分别表示让系统检索含有其中任何一个检索词的文献、检索同时含有所有检索词的文献、检索不含有某个检索词的文献。除了检索和阅读企业社会责任缺失密切相关的文献，本书作者还阅读了与本书研究主题有关的心理学文献。这些文献研究工作为本书从个体消费者层面研究企业社会责任缺失话题、构建CSI归因中的企业失责和消费者失责对消费者响应意愿的影响关系及其作用机制和作用条件的有效研究框架奠定了文献基础。文献研究的使用贯穿整本著作的形成过程，从早期确定研究选题、梳理国内外企业社会责任缺失研究文献、提出研究问题、设计研究材料到本书撰写等均使用了文献研究法。

(2) 访谈法。

访谈法是社会科学研究方法的一种，也是获取定性数据的一种方法。它通过研究者和受访者交谈的方式收集研究资料和数据。个人访谈有三种访谈形式，分别是结构式访谈（如口头式问卷调查）、半结构式访谈和非结构式访谈。半结构式访谈适用于研究人员希望获得被访者对研究问题比较详细的想法或认识的时候[32]。个人深度访谈法是研究人员对符合特定条件的潜在对象,使用半结构式的方法进行个人对话式访问,从而揭示受访者潜在的行为、动机、目的、态度、感受并发现其内在的关系的访谈方法。访问者可以在深度访谈的过程中,针对被访问者的回答提出一些新的有效问题,从而获得更加全面的信息。本书采用个人深度访谈法探索消费者在企业社会责任缺失中的作用,并探究 CSI 归因中的消费者失责及其表现。本书选择了不同年龄、不同教育程度、不同职业背景的(如在校大学生、媒体从业者、政府工作人员、企业从业者等)消费者进行个人深度访谈,以探索 CSI 归因中的消费者失责问题。

(3) 实验法。

实验法是指在控制其他变量不变的情况下,操纵研究人员关心的变量来观察操纵变量对其他变量的影响,其是检验自变量和因变量之间因果关系的有效方式,能够有效地研究消费者行为的内在驱动因素和心理过程。在现有企业社会责任缺失文献中,学者们多参考现实中的企业社会责任缺失事件编写实验操作材料,所选择的行业或产品与消费者的日常生活具有紧密的关系,如肉类经销商售卖问题鸡肉[29]、运动服饰逃税行为[33]、企业雇用童工的行为[34]。

在现有企业社会责任缺失实验研究的启示下,本书在研究中同样选用与消费者日常生活密切相关的企业社会责任缺失情景,设计了 CSI 归因中的企业失责和消费者失责的文本材料,通过实验将其启动,以检验 CSI 归因对消费者响应意愿的影响。在获取实验数据以后,本书使用统计软件 SPSS21.0 对数据进行了描述性统计分析、单因素方差分析、Bootstrap 中介效应分析。

(4) 问卷调查法。

问卷调查法是研究中收集资料常用的一种工具,是通过调研问卷的形式呈现调查内容,邀请潜在的调查对象进行填写,然后回收答卷、进行分析以获取信息的方法。问卷调查法有其优点:例如,标准化——所有调查对象填写的问卷在形式和内容上是一样的,能够避免调查过程中调查者的主观偏差对调查对象的影响,从而让问卷调查所得到的标准化数据便于统计、分析;匿名性——在自我报告的问卷中,由于没有人在场,且采用匿名的形式,所以当存在敏感问题时,能够让调查对象消除疑虑;效率高——调查者可以同时调研多个调查对象,在短时间内完成问卷的发放与回收。本书使用了问卷调查法,运用规范的流程进行问卷设计、数据收集,并使用现有文献中成熟的测量工具来测量本书构建的研究框架中所涉及的各个构念,然后收集样本数据,以检验构念之间的影响关系。在获得数据以后,本书使用 AMOS21.0 进行验证性因子分析,检验多题项测量变量的信度和效度,同时使用 SPSS21.0 对数据进行了描述性统计分析、回归分析、Bootstrap 中介效应分析和有调节的中介分析。

三、技术路线

(1) 通过广泛收集和阅读关于企业社会责任缺失、营销负面事件、企业社会责任的文献、资料等研究材料,以确定本书的研究问题。

(2) 在对国内外企业社会责任缺失研究进行文献回顾的基础上,构建 CSI 归因与消费者响应意愿关系的理论研究框架,并提出具体的研究假设。

(3) 开展研究设计,决定综合运用定性与定量的研究方法,通过个人深度访谈来探讨 CSI 归因中的消费者失责问题,并采用实验法和问卷调查法获取研究所需的数据。

(4) 运用统计分析软件,分析 CSI 归因对消费者响应意愿的影响及作用机制和作用条件,检验道德情感(愤怒和愧疚)的中介作用和道德认同的调节作用。

(5) 对所开展的研究进行总结,撰写研究报告,形成本书内容。

具体技术路线见图 1-2。

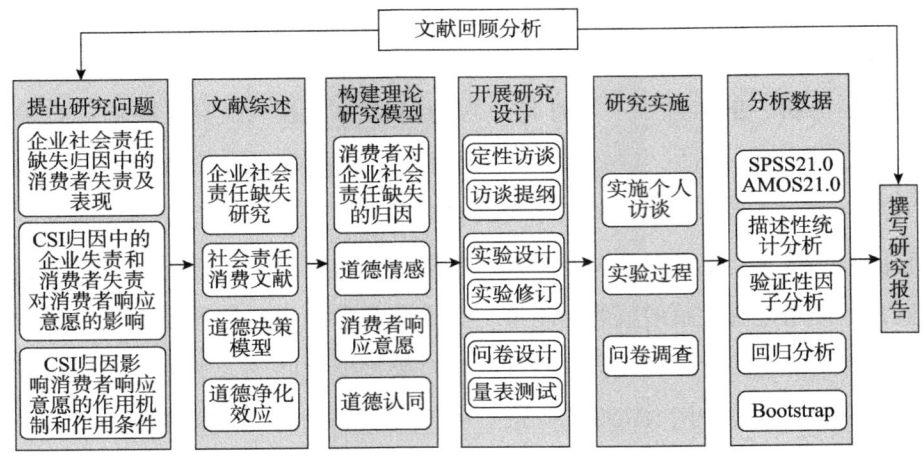

图1-2 本书技术路线

四、本书特色

（1）本书关注企业社会责任缺失这一重要话题。由于实践中不断出现的企业社会责任缺失现象并未引起学者们充分的注意，而且企业社会责任缺失的原因、作用机制更为复杂，因而，关注企业社会责任缺失有助于丰富企业社会责任缺失方面的理论研究。

（2）本书从消费者视角研究企业社会责任缺失。消费者作为企业重要的利益相关者，其对企业社会责任缺失的响应对企业的生存发展作用凸显，因此基于消费者视角的企业社会责任缺失研究有助于丰富企业社会责任缺失理论研究。

（3）本书从企业失责和消费者失责两个层面对CSI归因进行研究，在"受消费者影响的企业社会责任缺失"情境下，探究消费者对企业社会责任缺失进行归因时的企业失责。同时，以CSI归因中的消费者失责为切入点，补充了消费者失责在企业社会责任缺失中的表现，丰富了企业社会责任缺失归因研究。

（4）本书构建了CSI归因与消费者响应意愿的影响关系，验证了CSI

归因中的企业失责对消费者惩罚意愿的正向影响，尤其是本书提出并验证了 CSI 归因中的消费者失责正向影响消费者弥补意愿。同时，在现有的企业社会责任缺失影响结果（如负面口碑、对品牌和企业的消极态度、抵制）的基础上，为企业社会责任缺失文献探索新的结果变量（弥补意愿）。

（5）本书在"受消费者影响的企业社会责任缺失"情境下，首先验证了谴责他人的道德情感（愤怒）在 CSI 归因中的企业失责对消费者惩罚意愿的影响中的中介作用；其次关注了谴责自我的道德感情（愧疚），验证了愧疚在 CSI 归因中的消费者失责对消费者弥补意愿的影响中具有的中介作用，并进一步发现在道德认同高时，愤怒和愧疚的中介作用更大，从而丰富了企业社会责任缺失影响消费者响应的作用机制和作用条件研究。

（6）以往学者大多使用社会认同理论、归因理论来指导企业社会责任缺失研究，本书结合归因理论、社会责任消费研究及道德净化效应构建了 CSI 归因与消费者响应意愿的影响关系模型，特别是基于道德净化效应构建了 CSI 归因中的消费者失责与消费者弥补意愿的关系，从而在企业社会责任缺失研究的理论视角上有了一定的创新。

注　释

[1] SMITH N C, PALAZZO G, BHATTACHARYA C B. Marketing's consequences: Stakeholder marketing and supply chain corporate social responsibility issues [J]. Business Ethics Quarterly, 2010, 20 (4): 617 – 641.

[2] PAHARIA N. Who receives credit or blame? The effects of made – to – order production on responses to unethical and ethical company production practices [J]. Journal of Marketing, 2020, 84 (1): 88 – 104.

[3] SCHEIDLER S, EDINGER – SCHONS L M. Partners in crime? The impact of consumers' culpability for corporate social irresponsibility on their boycott attitude [J]. Journal of Business Research, 2020 (109): 607 – 620.

[4] ANDERSCH H, LINDENMEIER J, LIBERATORE F, et al. Resistance against corpo-

rate misconduct: An analysis of ethical ideologies' direct and moderating effects on different forms of active rebellion [J]. Journal of Business Economics, 2018 (88): 695 – 730.

[5] LANGE D, WASHBURN N T. Understanding attributions of corporate social irresponsibility [J]. Academy of Management Review, 2012, 37 (2): 300 – 326.

[6] XIE C, BAGOZZI R P. Consumer responses to corporate social irresponsibility: The role of moral emotions, evaluations, and social cognitions [J]. Psychology & Marketing, 2019, 36 (6): 565 – 586.

[7] ANTONETTI P, MAKLAN S. An extended model of moral outrage at corporate social irresponsibility [J]. Journal of Business Ethics, 2016, 135 (3): 429 – 444.

[8] SHAW D, NEWHOLM T, DICKINSON R. Consumption as voting: An exploration of consumer empowerment [J]. European Journal of Marketing, 2006 (40): 1049 – 1067.

[9] 辛杰. 中国消费者社会责任消费行为与群体细分研究：基于 SRCB – China 量表的探索性研究 [J]. 南京农业大学学报（社会科学版），2011 (1): 37 – 43.

[10] 吴金海. 面向社会责任消费：消费社会理论的批判性及其反思 [J]. 社会科学，2020 (2): 98 – 109.

[11] KLEIN J G, SMITH N C, JOHN A. Why we boycott: Consumer motivations for boycott participation [J]. Journal of Marketing, 2004, 68 (3): 92 – 109.

[12] SCHELLEKENS G A C, VERLEGH P W J, SMIDTS A. Language abstraction in word of mouth [J]. Journal of Consumer Research, 2010, 37 (2): 207 – 223.

[13] SEN S, GURHAN – CANLI Z, MORWITZ V. Withholding consumption: A social dilemma perspective on consumer boycotts [J]. Journal of Consumer Research, 2001, 28 (3): 399 – 417.

[14] 杨春方. 中小企业社会责任缺失的非道德解读：资源基础与背景依赖的视角 [J]. 江西财经大学学报，2015 (1): 32 – 42.

[15] SACHDEVA S, ILIEV R, MEDIN D L. Sinning saints and saintly sinners the paradox of moral self – regulation [J]. Psychological Science, 2009, 20 (4): 523 – 528.

[16] BARKAN R, AYAL S, ARIELY D. Ethical dissonance, justifications, and moral behavior [J]. Current Opinion in Psychology, 2015 (6): 157 – 161.

[17] GREGORY – SMITH D, SMITH A, WINKLHOFER H. Emotions and dissonance in

"ethical" consumption choices [J]. Journal of Marketing Management, 2013, 29 (11/12): 1201 - 1223.

[18] SCHEI T S, SHEIKH S, SCHNALL S. Atoning past indulgences: Oral consumption and moral compensation [J]. Frontiers in Psychology, 2019 (10): 1 - 14.

[19] FOLKES V S. Consumer reactions to product failure: An attributional approach [J]. Journal of Consumer Research, 1984, 10 (4): 398 - 409.

[20] AQUINO K, REED A. The self - importance of moral identity [J]. Journal of Personality and Social Psychology, 2002 (83): 1423 - 1440.

[21] 张婷, 周延风. 消费者视角下企业社会责任缺失研究综述 [J]. 管理学季刊, 2020 (2): 117 - 137.

[22] 晁罡, 石杜丽, 申传泉, 等. 新媒体时代企业社会责任对声誉修复的影响研究 [J]. 管理学报, 2015, 12 (11): 1678 - 1686.

[23] AMUJO O C, LANINHUN B A, OTUBANJO O, et al. Impact of corporate social irresponsibility on the corporate image and reputation of multinational oil corporations in Nigeria [C] //TENCH R, SUN W, JONES B. Corporate social irresponsibility: A challenging concept (critical studies on corporate responsibility, governance and sustainability, vol. 4, 2012: 263 - 293). Lead: Emerald Group Publishing Limited, 2012.

[24] BRUNK K H, DE BOER C. How do consumers reconcile positive and negative CSR - related information to form an ethical brand perception? A mixed method inquiry [J]. Journal of Business Ethics, 2018 (161): 443 - 458.

[25] ARLI D, GRACE A, PALMER J, et al. Investigating the direct and indirect effects of corporate hypocrisy and perceived corporate reputation on consumers' attitudes toward the company [J]. Journal of Retailing and Consumer Services, 2017 (37): 139 - 145.

[26] SWEETIN V H, KNOWLES L L, SUMMEY J H, et al. Willingness - to - punish the corporate brand for corporate social irresponsibility [J]. Journal of Business Research, 2013, 66 (10): 1822 - 1830.

[27] VANHAMME J, SWAEN V, BERENS G, et al. Playing with fire: Aggravating and buffering effects of ex ante CSR communication campaigns for companies facing allegations of social irresponsibility [J]. Marketing Letters, 2015 (26): 565 - 578.

[28] ANTONETTI P, MAKLAN S. Concerned protesters: From compassion to retaliation

[J]. European Journal of Marketing, 2017, 51 (5/6): 983 – 1010.

[29] ANTONETTI P, MAKLAN S. Identity bias in negative word of mouth following irresponsible corporate behavior: A research model and moderating effects [J]. Journal of Business Ethics, 2016 (1): 1 – 19.

[30] LENZ I, WETZEL H A, HAMMERSCHMIDT M. Can doing good lead to doing poorly? Firm value implications of CSR in the face of CSI [J]. Journal of the Academy of Marketing Science, 2017, 45 (4): 1 – 21.

[31] KHAMITOV M, GRÉGOIRE Y, SURI A. A systematic review of brand transgression, service failure recovery and product – harm crisis: Integration and guiding insights [J]. Journal of the Academy of Marketing Science, 2020 (48): 519 – 542.

[32] GILL P, STEWART K, TREASURE E, et al. Methods of data collection in qualitative research: Interviews and focus groups [J]. British Dental Journal, 2008, 204 (6): 291 – 295.

[33] ANTONETTI P, ANESA M. Consumer reactions to corporate tax strategies: The role of political ideology [J]. Journal of Business Research, 2017, 74 (5): 1 – 10.

[34] HUBER F, MEYER F, VOGEL J, et al. Corporate social performance as antecedent of consumer's brand perception [J]. Journal of Brand Management, 2011 (19): 228 – 240.

第二章

企业社会责任缺失概述

第一节 企业社会责任缺失的定义和分类

一、企业社会责任缺失的定义

学者们已经对企业社会责任缺失进行了明确的定义。关于企业社会责任缺失概念的由来,学者们认为,阿姆斯特朗(Armstrong)于1977年最早对企业社会责任缺失进行了学术研究并首次定义了社会责任缺失行为[1],即决策者在进行方案选择时,排除那些能够使其他所有参与方获取最优收益的方案,是企业的一种牺牲整体利益换取个别参与方利益的行为。企业社会责任缺失概念出现40多年以来,越来越多的学者关注到企业社会责任缺失话题,并对其进行了理论研究,特别是近十年来与企业社会责任缺失有关的文献逐渐增多。根据当前企业社会责任缺失研究关注的对象及出发点,可以从组织层面和个体层面对现有企业社会责任缺失定义进行总结。本书从学者们界定企业社会责任缺失的视角以及定义方式上对组织层面的企业社会责任缺失定义进行了回顾。

从企业社会责任缺失界定的视角来看,学者们从三个角度进行了企业社会责任缺失的概念界定。首先,根据责任缺失行为判定的主体,从利益相关者角度进行界定。从非直接利益关系主体角度定义企业社会责任缺失的学者们认为,企业行为是否为社会责任缺失行为应该由与企业没有直接利益关系的主体界定,社会公众期望企业履行社会责任,而企业社会责任缺失就是企业未能满足这种期望[2-3]。在直接利益关系主体方面,皮尔斯和曼茨(Pearce and Manz)[4]、姜丽群[5]从股东和利益体的角度定义了企业社会责任缺失，表明当企业的行为给利益相关者造成伤害时企业社会责任缺失就发生了。也有学者认为企业违反国际柔性法律条款，如《国际人权法案》，是企业社会责任缺失的表现[6]。其次，从企业行为动机视角对企业社会责任缺失进行定义，将其分为故意行为和无意行为。故意型企业社会责任缺失是企业有意为之的商业战略、故意实施的商业决策或行为[7]；无意型企业社会责任缺失则是企业在实施社会责任时出现了意外失败的情况或因非人力可控的自然灾害，如地震等外部力量，对其他主体造成伤害的行为[8]。此外，企业社会责任缺失行为也被认为是故意妨碍核心业务、标准程序、专业化和违背道德准则的行为[9]。最后，从企业社会责任缺失与企业社会责任两者关系的角度定义企业社会责任缺失。有些学者认为，企业社会责任缺失和企业社会责任是相对立的概念[10]，即二者互不相容。例如，杨继生和阳建辉把企业社会责任缺失行为界定为一个与企业社会责任相对的概念，认为它是企业以牟取短期利益为目的，不遵循企业社会道德、损害人们权益的行为[11]。另外一些学者认为，企业社会责任缺失与企业社会责任是独立的概念，即两者是不同的概念，形成的原因和产生的结果不同，因此需要对两者给予个性化的关注[12]。

从定义方式来看，学者们通过直接描述、罗列、比较的方式进行企业社会责任缺失定义。直接描述的定义方式明确指出了企业社会责任缺失的含义，其通过描述的方式呈现了企业社会责任缺失产生的影响结果、责任缺失行为实施主体、受害对象类型。一般而言，企业社会责任缺失带来的更多是负面影响，如企业不可持续发展、利益相关者受损。但是，企业也可能以牺牲员工、社会等的利益来获取自身利益。企业社会责任缺失实施主体是企业，且大多是企业管理者，他们通过欺骗或操纵等方式损害政府、员工、股东、消费者等利益相关者的利益。萨拉伊兹等学者（Salaiz, et al.）表明，当前文献中对企业社会责任缺失的定义范围甚广[13]，既有责备企业高管和企业行为的，也有区分企业社会责任缺失受害对象的，以至于人们对企业社会责任缺失缺乏理解。因此，他们认为，企业社会责缺失是企业违法但并不局限于违法的、给其他主体带来不利或伤害的行为。罗列的方式则是通过企业实践中的具体行为表现来阐释企业社会责任缺失定义。例如，企业违法行为、不计后果的冒险行为、投机行为、一味追求股东价值[14]、对员工和供应商不公平、销售假冒产品[1]等均属于企业社会责任缺失行为。施特布勒和菲舍尔（Stäbler and Fischer）认为，企业社会责任缺失是企业的非伦理行为（Unethical Behavior）[15]。另外，企业造成的污染环境、雇用童工、员工工作环境恶劣、偷税漏税、故意隐瞒产品的有害性等亦是企业社会责任缺失的表现[16]。在研究中，学者们大多只关注了其中个别的企业社会责任缺失表现。比较的定义方式主要是对企业社会责任缺失与企业社会责任两者的关系进行比较，然后界定企业社会责任缺失。现有研究认为，企业社会责任缺失与企业社会责任有相对、并存及影响三种关系。相对关系即企业社会责任缺失与企业社会责任是正反相对的两个概念，企业社会责任缺失是企业社会责任（Corporate Social Responsibility，CSR）的对立面，即未能成功地履行责任，利益相关者认为存在着与组织有关的负面社会效应和不期望发生的结果，因此需要在研究中对企业社会责任和企业社会责任缺失予以区分[17-18]。例如，有学者们认为，企业社会责任缺失是企业社会责任的反面，与企业丑闻、不负责任的行为、腐败和其他不道德的商业实践是同义词[19]。并存关系则认为企业社会责任缺失与企业社会责任可在同一企业中同时存在。例如，跨国公司的双重标准，在母国履行企业社会责任，而在东道国实施企业社会责任缺失，一部分子公司履行企业社会责任而另一部分子公司做出责任缺失行为[20]。影响关系即为企业社会责任缺失与企业社会责任相互影响，企业发生社会责任缺失行为后通过履行企业社会责任进行补救[21]，企业以往的社会责任活动可以对以后的企业社会责任缺失起到保险作用。

部分定义如表2-1所示。

表 2-1　部分关于企业社会责任缺失的定义

定义方法	文献来源	概念界定
描述法	阿姆斯特朗和格林（Armstrong and Green, 2013）[2]	企业管理者不愿自己承担后果的有害行为
	克拉克和格兰瑟姆（Clark and Grantham, 2012）[22]	所有违法行为以及那些利用负面外部性而造成整个系统不可持续发展的行为，包含产生纯粹负外部性和被认为是不道德的行为
	科琴和穆恩（Kotchen and Moon, 2012）[21]	增加外部成本或产生分配冲突的一系列活动
	皮尔斯和曼茨（Pearce and Manz, 2011）[4]	企业管理中忽视他人福利的不道德行为，极端表现是领导者以牺牲员工、股东和其他组织利益相关者，甚至社会的利益来谋求自身的利益
罗列法	爱尔兰（Ireland, 2010）[14]	如企业违法行为、不计后果的冒险行为、投机行为、一味地追求股东价值
	墨菲和施莱格尔米尔希（Murphy and Schlegelmilch, 2013）[1]	企业污染环境、对员工和供应商不公平、销售假冒产品的行为
	吴（Wu, 2014）[23]	故意污染环境、使用动物测试新产品、拒绝支持当地商业的企业行为
	德马卡蒂（deMaCarty, 2009）[16]	具体列举企业社会责任缺失的事例，如犯罪性欺诈、价格垄断、操纵投标、贿赂、偷税漏税
比较法	赫齐格和穆恩（Herzig and Moon, 2013）[3]	把企业社会责任缺失与企业社会期望联系起来，认为企业社会责任缺失是企业对社会期望的响应，是一种未能满足社会期望的响应
	费里（Ferry, 1962）[24]	责任缺失主要指负责任的对立面，是不道德的、让人不愉快的行为，具有目光短浅、自以为是、伪善的特点
	朗格和沃什伯恩（Lange and Washburn, 2012）[25]	企业社会责任缺失是企业社会责任的对立面，即企业以不负责任的方式行事

从不同视角与不同方式进行的企业社会责任缺失定义，其含义存在交叉，经过分析可见这些定义具有相似特征，具体表现为：（1）企业社会责任缺失是企业直接或间接利益相关者认为的企业缺乏责任的行为；（2）企业社会责任缺失是企业对利益相关者造成伤害的违法或不道德行

为;(3)企业社会责任缺失表现形式多种多样并且与企业社会责任彼此联系又相互独立。

从文献数量上看,企业社会责任缺失的定义更多立足于组织层面。从个体微观视角下进行的企业社会责任缺失定义,突出强调了个体主观感知在理解企业社会责任缺失中的重要性。例如,朗格和沃什伯恩(Lange and Washburn)认为,个体感知的企业缺乏社会责任的行为即可被认为是企业社会责任缺失[25]。当感知到企业的行为给其他主体带来(潜在的)不利或/和伤害时,企业社会责任缺失就发生了[8]。结合现有的企业社会责任缺失定义,本书中的企业社会责任缺失意为消费者感知的企业故意或无意给其他主体(如消费者、环境、政府、企业员工、动物等)造成伤害的一切违法行为或虽然合法但不道德的行为。

尽管企业社会责任缺失与企业社会责任关系密切,但两者之间并不是此长彼消的替代关系。企业履行了社会责任并不意味着能够杜绝企业社会责任缺失行为。一个企业在发生企业社会责任缺失行为的同时,也可能在履行企业社会责任。例如,某汽车公司被曝出"排气门"丑闻。与此同时,该公司官网"企业社会责任"栏目仍然在宣传自己是负责任的企业公民,重视社会和生态目标建设,将其放在与经济目标同等重要的位置。而且,有学者发现,企业社会责任缺失给市场价值带来的消极影响比企业社会责任给市场价值带来的积极影响更大、更持久[26]。企业社会责任缺失作为负面事件,人们会对其进行更多的关注,因为负面事件更吸引人们的注意力,人们会投入更多的时间思考负面事件,搜索更多关于负面事件的因果信息[27]。所以,本书认为应该对企业社会责任缺失进行独立的研究,特别是从个体微观视角对企业社会责任缺失的认知和影响结果进行更丰富的研究。

总体来讲,企业社会责任缺失已是一个清晰的研究领域,尽管目前学者们对企业社会责任缺失的定义视角具有多样性,但其已有明确的定义,学者们对其内涵和外在表现已经进行了明确的阐述,并探讨了它与企业社会责任的区别和联系，明确了二者是不同的概念。这为本书开展企业社会责任缺失研究奠定了良好的基础。

二、企业社会责任缺失的维度及分类

现有的国内外企业社会责任缺失文献对企业社会责任缺失研究的维度仍然有限，学者们在研究中明确了企业社会责任缺失的具体表现，把企业社会责任缺失表现作为区分其维度的一种方式。例如，企业对当地经济产生的负面影响、企业中存在的性别歧视问题、设计和销售不安全的产品和服务，以及腐败、会计丑闻、环境污染问题等[8]。王、希里和高（Wang, Healy and Gao）较为全面地构建了企业社会责任缺失的四个层次的模型，包括缺乏经济责任的行为（Economically Irresponsible）、违法行为（Illegal）、不道德行为（Unethical）和缺乏慈善的行为（Un-philanthropic）[28]。然而，该企业社会责任缺失维度划分方式以现有企业社会责任的维度为参照，未能突破企业社会责任维度的局限，因而未能表现出企业社会责任缺失概念内涵的独特性。此外，卢克和埃雷罗－加西亚（Luque and Herrero-García）从伦理、法律、社会、经济和环境五个维度对纺织行业的企业社会责任缺失概念进行了研究[29]。

伦茨、韦策尔和哈默施密特（Lenz, Wetzel and Hammerschmidt）采用 KLD（Kinder, Lydenberg and Domini）数据库中企业不良表现的七个方面，即社区、公司治理、多样化、员工关系、环境、人权和产品方面的缺陷作为企业社会责任缺失的分类[30]。这种做法在国外文献中较为常见，但可能由于数据的可得性问题，尚未见有国内文献运用该数据库进行研究。瓦格纳、比岑和霍尔（Wagner, Bicen and Hall）开发了十四个维度（自然环境、当地企业、国外经济、本地就业、社会规则、员工福利、员工工资、当地工作条件、员工歧视、国外劳工、销售实践、欺诈、伤害性材料、价格政策）的消费者企业社会责任缺失感知测量量表[31]，由于该测量量表针对零售企业而设计，尚未被其他学者广泛应用，因而其普适性比较有限。

对于企业社会责任缺失的分类，可以依据企业社会责任缺失伤害的利益相关者类别进行划分。例如，沙伊德勒和埃丁格-肖恩斯（Scheidler and Edinger-Schons）划分了企业社会责任缺失伤害的利益相关者类别，包括：伤害消费者、供应商、员工、竞争对手、股东、投资人等人类利益相关者的企业社会责任缺失；伤害政府和社区等公共利益相关者的企业社会责任缺失；伤害自然环境和动物等非人类利益相关者的企业社会责任缺失[32]。施特布勒和菲舍尔（Stäbler and Fischer）则把企业社会责任缺失事件划分为企业在环境（如污染、虐待动物）、社会（如童工、歧视）和政府（如欺骗、腐败）三个方面的非伦理行为[15]。此外，还可以根据消费者感知到的企业行为动机进行企业社会责任缺失分类。这种划分方式把企业社会责任缺失分为故意型企业社会责任缺失和无意型企业社会责任缺失[33]。现有企业社会责任缺失文献使用较多的是依据企业社会责任缺失伤害的利益相关者类别进行企业社会责任缺失分类。依据消费者主观感知到的企业行为动机进行的企业社会责任缺失分类体现了消费者的主观感知不仅在界定企业社会责任缺失定义中的重要性，在划分企业社会责任缺失类别中也有重要作用。

依据企业社会责任缺失伤害的利益相关者类型，企业社会责任缺失可以划分为不同的类型，详见表2-2。

表2-2 企业社会责任缺失类型

企业社会责任缺失类型	子类型	解释
消费者	产品伤害危机	使用公司产品或服务对顾客造成潜在伤害
	产品失败	产品故障
	欺骗消费者	故意误导消费者发生不诚实的商业行为
	虚假承诺	企业社会责任缺失给消费者造成了经济损失

续表

企业社会责任缺失类型	子类型	解释
员工	工作环境	企业内部工作条件差
	监视和虐待	通过监视和非法虐待侵犯员工隐私
供应链主体	工作环境	供应链内不道德的生产条件
	生产事故	工厂事故
	剥削	在海外经营中不负责任或普遍剥削第三世界国家
公共利益相关者	在当地的机会主义行为	对当地社会或基础设施产生不利影响的机会主义商业决策
	漏税、金融诈骗	财务欺诈导致社区或政府损失
股东	有损股东利益	财务上的不当行为导致股东价值下降
竞争者	有损竞争者利益	改变市场机制
环境	企业伤害行为	商业行为对环境造成的危害
	事故	危害环境的事故
动物	伤害动物权益	为商业目的而虐待或杀害动物

注：表中企业社会责任缺失类型、子类型及解释来自沙伊德勒和埃丁格－肖恩斯（Scheidler and Edinger－Schons）[32]。

第二节 企业社会责任缺失研究的理论基础和研究方法

一、企业社会责任缺失研究的理论基础

从企业社会责任缺失研究的理论基础来看，现有研究多基于归因理论（Attribution Theory）来对企业社会责任缺失进行归因[32][34-35]，除了朗格和沃什伯恩（Lange and Washburn）着重讨论了企业社会责任缺失后的责任判断[25]，其他研究则主要关注企业社会责任缺失后消费者对责任缺失行

为主体的认知及评价。

也有学者从社会认同理论视角进行企业社会责任缺失研究。社会认同理论表明，人们倾向于把自己归入特定群体（内群体），并会偏袒该群体。朗格和沃什伯恩（Lange and Washburn）提出对企业社会责任缺失影响对象的认同影响企业社会责任缺失事件归因[25]。后续学者通过实证研究证实了对受害者的认同能够加强消费者对企业的消极响应。例如，消费者对企业社会责任缺失受害者存在内群体偏差，对受害者的认同让消费者联想到自我与受害者的相似之处，这不仅会增加其对受害者的同情，还会进一步加强其对企业的消极态度[36-37]。值得注意的是，尽管社会认同对内群体有积极影响，但在某些情境下这种内群体偏袒也会消失。例如，当企业履行其社会责任时，消费者偏好本国品牌，但当企业实施企业社会责任缺失时，消费者就会转向国外品牌[38]。基于社会认同理论视角下的企业社会责任缺失研究考虑了消费者与企业社会责任缺失受害者的认同，当感知到与企业社会责任缺失受害者的距离近时，消费者则对受害者有更多的同情，而对企业表现出更强的消极行为响应。

此外，少数研究采用利益相关者理论、制度理论来解释企业社会责任缺失发生作用的过程。例如，伦茨、韦策尔和哈默施密特（Lenz, Wetzel and Hammerschmidt）以工具性利益相关者理论为基础研究了企业在企业社会责任缺失情境下其企业社会责任类型（与CSI同领域和与CSI异领域）对企业价值的影响[30]。苏罗卡、特里博和萨拉（Surroca, Tribó and Zahra）从制度理论视角分析得出母国（总部）利益相关者的压力越大，跨国公司越可能将其企业社会责任缺失行为从母国转移到子公司[39]。

二、企业社会责任缺失的研究方法

从企业社会责任缺失研究所使用的方法来看，现有企业社会责任缺失研究多采用二手数据法、调查法、实验法及混合研究方法（如定性访谈及调查法）。采用二手数据法的学者主要将 KLD 数据库中企业表现不足的七个方面，即社区（投资争议、消极的经济影响、税收纠纷）、公司治理（所有权缺失、透明度缺失、政治问责力度）、多样化（不具代表性员工构成）、员工关系（健康和安全问题、劳动力削减）、环境（浪费和排污）、人权（使用童工）、产品（质量问题）作为企业社会责任缺失的代理变量[30]。这种做法在国外文献中较为常见，但由于数据的可得性问题，尚未见到国内文献运用该数据库进行研究。

实验法中除了操控企业社会责任缺失类型外，研究中涉及的其他变量多为测量变量，这与调查法在数据分析时常用的验证性因子分析、结构方程模型等数据分析方法具有极大的相似性，且探讨的变量关系仍以相关关系为主。例如，谢和巴戈齐（Xie and Bagozzi）进行了被试间实验设计[40]，操控了违背共同性原则的企业社会责任缺失、违背自主性原则的企业社会责任缺失及控制组，其他中介变量、调节变量和结果变量均借助成熟量表测量，后续通过验证性因子分析及调节效应检验来验证道德情感和态度评价的中介作用以及社会认知的调节作用。

实验法中的实验操控情景和调查法中的企业社会责任缺失信息常采用某个虚拟的企业名称或真实的企业名称，然后根据真实企业社会责任缺失事件编写企业社会责任缺失信息，其所选行（企）业或产品多与消费者的日常生活密切相关，且研究被试主要来自北美、欧洲和大洋洲。学者们使用的情景信息具体为：大型石油天然气公司化学物质泄漏的虚拟新闻报道（英国被试）[34]；虚拟的肉类经销商向消费者出售被污染的鸡肉和其他家禽肉的情景信息（美国被试）[37]；国际制药公司非法促销药品、虚拟国际咖啡企业逃税的情景信息（美国被试）[41]；消费者熟悉的运动服装品牌逃税信息（美国被试）[42]；虚拟咖啡品牌的非伦理信息（英国被试）[43]；笔记本电脑问题电池（加拿大被试）[44]；国内/国外巧克力品牌侵害工人权益的信息（葡萄牙被试）[38]；虚拟巧克力工厂使用童工、大型跨国零售商挤压本土小零售商（意大利被试）[45]；婴儿奶粉非伦理营销（新西兰被试）[46]；等等。

少数使用定性访谈法进行的研究，样本量小且代表性较差[47]。尽管当前企业社会责任缺失研究方法较为多样，但这些研究方法在一定程度上存在局限性。例如，企业社会责任缺失的负面性，使得定性访谈寻找访谈对象存在困难，很难获得关键样本（如企业管理人员）对于企业社会责任缺失的意见和看法；二手数据法中，无法获取企业财务数据来检验企业社会责任缺失对企业绩效的影响；实验法中被试来源单一，较多研究采用 Mturk（Amazon Mechanical Turk）平台上的在线样本[36-37][41]，然而，由于 Mturk 平台上的在线样本存在虚假身份、迎合研究需求以求成功获取报酬等问题，学者们已经质疑其代表性并已证实使用该在线样本会严重曲解研究结果。

三、本节小结

在后续的企业社会责任缺失研究中可以考虑丰富企业社会责任缺失的理论视角和研究方法。例如，结合事件系统理论（Event System Theory）从事件的新颖性（事件与当前或以往的行为、特征、事件的差异程度，以及表现出新的或预期之外的情况）、颠覆性（环境的中断，惯常活动数量或程度的改变或未延续原有的方式）、重要性（事件对一个实体的重要程度）维度分析企业社会责任缺失事件。随着技术的快速发展，网络爬虫技术日益成熟，这为开展企业社会责任缺失研究提供了契机。社交媒体的兴起和快速发展产生了大量的用户生成内容（User-generated Content），一些企业社会责任缺失事件发生后，消费者们自发在微博、新闻客户端等发表意见，这些用户生成内容为企业社会责任缺失研究提供了丰富的二手数据。潜在狄利克雷分析模型（Latent Dirichlet Allocation，LDA）既是一种文本挖掘技术，也是最常用的概率主题模型，非常适合分析文本形式的大数据,而情感分析(Sentiment Analysis)是自然语言处理的一个分支,是一种以效价为依据对文本进行自动分类的方法,其主要研究观点中表达或隐含的积极或消极的情感,适合挖掘用户生成内容中消费者对企业社会责任缺失的情感表达。因而,企业社会责任缺失研究中可选取典型的企业社会责任缺失事件案例,运用网络爬虫技术,借助爬虫工具,获取网络上关于企业社会责任缺失事件的新闻报道、网友评论等信息,同时运用主题分析、情感分析来开展企业社会责任缺失研究,以克服企业社会责任缺失数据不易获取的困难。

第三节 企业社会责任缺失的归因研究

一、归因理论

归因理论(Attribution Theory)是关于人们如何进行因果解释的理论。它可用于处理人们在做出因果推论时使用的信息,以及人们如何通过分析这些信息回答因果问题、社会感知(Social Perception)和自我感知(Self-perception)的问题[48]。归因理论在处理自我感知的问题时关注的是自我归因[49],即对自身能力、情感、吸引力、行为、态度等的判断。归因是基于推断对观察到的行为或事件进行的因果解释。个体试图对行为主体为什么以某种方式行事给出合乎逻辑的解释从而理解行为和情境[48]。汉密尔顿(Hamilton)[50]提出,人们在归因中常常扮演两种角色,一是"直觉心理学家"(Intuitive Psychologist),感知者通过推断解释他人的行为,对事件进行因果分析,在推断时,主要分析原因在行为者(Actor)还是行为者所处的情境;二是"直觉律师"(Intuitive Lawyer),感知者对伤害进行责任分配,判断谁应该受到制裁。此种归因包含了道德评价。人们常常从内部特征（与负面事件的引发者有关）和外部约束（负面事件所处的情境或环境因素）两方面进行归因推断。韦纳（Weiner）在因果源（Locus of Causality）（内部特征和外部约束）的基础上增加了控制性和稳定性两个因素，形成了归因所依赖的三个维度[51]。

研究表明，人们会投入更多的时间来思考负面事件，搜索更多与负面事件有关的因果信息[27]，对意外事件进行因果推理。因此，可以认为企业社会责任缺失作为负面事件，其发生后会引发人们的关注和对企业社会责任缺失事件进行因果推理。基于归因理论，以往的研究已经较多地关注了造成企业社会责任缺失的企业内部原因或与企业有关的外部原因[23][52]，即从企业社会责任缺失归因的内部及外部来源、稳定性、可控性方面解释了企业社会责任缺失行为[12]，但对企业社会责任缺失责任判断的研究仍非常缺乏。因此，本书将重点关注企业社会责任缺失归因过程中消费者对企业社会责任缺失的责任分配，从消费者视角以消费者外部归因（企业失责）和消费者内部归因（消费者失责）两个层面对企业社会责任缺失的归因进行研究。

企业社会责任缺失的归因是在观察者考虑了企业行为和情境的证据后推导出来的，但由于这些归因依赖于个体的注意和解释，具有很强的主观性[25]，因而，本书认为，消费者对企业社会责任缺失的归因是消费者对企业社会责任缺失发生的原因及责任分配的一种主观解释和推断。在面对企业社会责任缺失时，消费者会首先考虑失责（Culpability）的问题。现有文献中，沙伊德勒和埃丁格－肖恩斯（Scheidler and Edinger－Schons）把失责归因定义为个体解释消极事件（企业社会责任缺失事件）的原因并分配失责的过程[32]；朗格和沃什伯恩（Lange and Washburn）提出观察者对企业具有社会责任缺失品质的信念即为归因[25]；霍夫曼（Hoffmann）将责任归因定义为消费者责备企业管理者对责任缺失行为负责任的程度[53]。因此，参考现有的责任归因定义，本书将 CSI 归因定义为消费者对企业社会责任缺失进行责任分配，包括其感知到企业失责和消费者失责的程度。

41

此外，在关于服务失败的研究中，学者们分别从旁观者和参与者的视角进行了服务失败的归因研究。例如，服务失败中，旁观者如果与其中任意一方参与者（服务直接提供者或者顾客）有偶然相似的特征，其就会从与自己有相似特征的参与者视角进行服务失败归因，即倾向于责怪另一方参与者[54]。消费者参与创造服务结果可起到重要作用，且参与程度有三种，分别是：低度参与（消费者仅出现在服务场景中，而由服务提供者完成所有的服务生产工作）、中度参与（消费者付出信息、精力或物质财富等帮助服务提供者创造服务）和高度参与（消费者与服务提供者共同创造服务），消费者可以作为贡献者（Contributors）参与到服务中以改善服务质量、提升自己对服务的满意度。这意味着消费者可以通过不同程度的消费者参与跟企业服务建立联系。刘凤军等从消费者作为参与者和旁观者的视角，研究了服务情景中事前补救措施与消费者参与服务失误程度的匹配度对服务失误补救效果的影响[55]。企业社会责任缺失与服务失败都是市场营销中的负面事件[56]，因此，可以从旁观者和参与者的视角进行企业社会责任缺失的归因研究。如果消费者与企业社会责任缺失有直接或间接的关系，则其就是参与者角色。消费者还可以通过购买行为、推荐行为、影响行为和知识行为等参与企业社会责任缺失。

二、企业社会责任缺失归因中的企业失责

本书采用了朗格和沃什伯恩（Lange and Washburn）[25]对企业失责的定义，即当消费者将企业与带来不良社会影响的事件联系起来时，会把企业作为归因行为的对象。简言之，即在对企业社会责任缺失进行责任判断时，消费者认为企业应该对负面后果承担责任。现有企业社会责任缺失研究蕴含着企业社会责任缺失归因中的企业失责[44]。朗格和沃什伯恩（Lange and Washburn）以归因理论中感知者如何进行因果推断和道德判断的核心要义为基础，构建了包含不良影响（Effect Undesirability）、企业失责

(Corporate Culpability)和受影响者是否与责任企业共谋（Affected Party Non-complicity）三要素的企业社会责任缺失归因模型[25]。他们指出，观察者对企业社会责任缺失的归因包括因果推断和道德评判两部分。前者意指观察者是否片面地从企业内部原因和外部原因来解释企业社会责任缺失的归因问题，后者意指观察者在进行社会责任缺失归因时，将从多大程度上考虑社会责任缺失事件的道德责任。卡瓦略、穆拉利德哈兰和巴普吉（Carvalho, Muralidharan and Bapuji）在跨国企业情境下研究了企业混合产品（设计、制造、销售等环节在不同国家进行）责任缺失中消费者如何进行责任归因，发现当制造国的形象较差、消费者对召回品牌熟悉度低时，消费者倾向于支持品牌所在的国家，而对制造所在的国家表现出消极态度[44]。王仙雅和毛文娟分析了故意型企业社会责任缺失和无意型企业社会责任缺失对消费者感知的影响，表明了消费者对故意型企业社会责任缺失有更高的负面归因，进而感知更高的企业社会责任缺失的严重性[33]。

在具体研究企业社会责任缺失的责任归属时，学者们多以归因理论为指导进行研究[34]。企业社会责任缺失发生后，消费者会自发地对企业的错误或有害产品进行归因[57]，这些归因对营销而言非常重要，因为它们是消费者进行品牌评价的依据。如果企业社会责任缺失产生的源头在企业外部，并且这种行为是暂时的、不可控的，消费者就会归因于外部因素[57-58]，此时企业只承担很小的责任。

以往企业社会责任缺失研究从组织视角分析了企业社会责任缺失发生的组织内部因素。现有研究表明，企业社会责任缺失受组织文化、企业规模、企业管理等因素的影响。组织文化是影响企业社会责任缺失的主要因素。它通过支持、许可，甚至鼓励等方式促成了企业社会责任缺失活动，比如有些企业鼓励冒险、打破规则，就会增大责任缺失的概率[59]。企业规模与企业社会责任缺失为正相关关系，在变化的环境中，大企业是最有可能做出违法行为的企业[60]，随着企业规模的扩大，管理者的权力、管辖的范围会扩大，管理者通过非法手段实现企业目标的可能性也会增加，从而增加了企业社会责任缺失的可能性。

企业经营管理过程中的经营状况、赢利能力、研发投入、成本压力以及对员工的激励措施、考核方式均有可能促成企业社会责任缺失。例如，杨春方认为，中小企业社会责任缺失的主要原因在于企业经营表现不佳以及较低的赢利水平限制了企业扩大资源的能力[61]。吴（Wu）发现企业研发投入有助于减少企业社会或环境责任缺失行为，而源于市场的成本压力会引发企业缺乏责任的行为[23]。刘、刘和罗（Liu, Liu and Luo）发现企业采用现金方式支付 CEO 薪酬（相对于期权支付）更可能助长企业社会责任缺失[62]。此外，薪酬差异（Pay Dispersion）也会减少企业环境责任、增加企业环境责任缺失；企业绩效考核压力会增大企业社会责任缺失的可能性。另外，企业岗位设置会对企业社会责任缺失产生影响。例如，设立首席可持续发展官（Chief Sustainability Officers）的企业会减少企业社会责任缺失。如果企业在董事会的构成中增加独立董事的数量、设立企业社会责任委员会、增加女性董事监管活动的机会，则有助于减少企业社会责任缺失[63]。

除了企业组织管理方面的因素，研究还发现企业管理者特质在企业社会责任缺失中具有重要作用。例如，CEO 缺乏道德价值观（包括诚实沟通、尊重所有权、敬畏生命、尊重信仰和正义）是增加社会责任缺失的主要因素，信仰缺失和道德失范是小微企业提供社会责任缺失产品的重要原因。企业管理者的不道德行为将会直接促成企业社会责任缺失的形成。唐等（Tang, et al.）发现 CEO 傲慢与企业社会责任缺失呈正相关[52]。这些研究表明，企业管理者缺乏正面的个人特质会增大企业社会责任缺失的可能性。此外，企业管理者的某些特征也有助于减少企业社会责任缺失。

总体而言，学者们对企业社会责任缺失归因中企业方面的影响因素进行了较多的研究，组织视角下企业社会责任缺失产生的原因多种多样，学者们从企业经营管理、企业特征、企业管理者特质等方面分析了企业社会责任缺失的驱动因素，对企业领导者特别是其个人道德水平高低的影响作用进行了较丰富的研究。但是，这些影响因素主要关注的是与组织有关的变量，不仅缺乏与个体消费者的直接关联性，也忽略了企业社会责任缺失成因中的消费者因素。

三、企业社会责任缺失归因中的消费者失责

（一）社会责任消费

对消费者社会责任的理解可以从社会责任消费研究中获取。社会责任消费研究起源于西方，国内外学者们已经对社会责任消费的定义进行了丰富的研究，与社会责任消费相关的概念有社会意识消费者（Socially Conscious Consumer）、社会责任消费者（Socially Responsible Consumer）、伦理消费（Ethical Consumption）等。社会责任消费研究涉及消费者消费行为的结果及消费者应对自己的消费行为负责任。从现有的定义来看，以往学者在界定社会责任消费时主要有三个方面的关注点。

第一，社会责任消费中应该保护环境、保护资源、保护生态、关注公共利益。例如，韦伯斯特（Webster）把社会意识消费者定义为考虑个人消费的公共利益或试图利用自己的购买权力促成社会改变的消费者[64]。他认为社会意识消费者必须了解社会问题、相信自己有能力做出改变，并且要在社区中表现活跃。不过，他的社会意识消费者指数仅限于环境领域。安蒂尔（Antil）认为，社会责任消费是在满足个人需要的同时关注整个社会的福祉，是与环境和资源问题有关的消费行为和购买决策[65]。

第二，社会责任消费行为应是与企业社会责任行为相联系的消费行为。例如，罗伯茨（Roberts）将社会责任消费者定义为购买被认为对环境有积极（或较少消极）影响的产品或服务的人，或惠顾那些积极改变社会的企业的人，包含环境关注和社会关注[66]。因此，消费者除了对环境和资

源负有责任，还应该将企业是否履行社会责任作为消费决策的一个参考因素。肖和克拉克（Shaw and Clarke）认为消费者的购买和使用行为应考虑企业道德问题[67]，如不购买使用童工生产的产品以及不购买和不使用生产过程中剥削不发达国家人民、存在不公平交易的产品等。此外，还可以从与企业社会责任关系的角度把消费者的社会责任定义为消费者在购买和使用产品及接受服务的过程中，自觉抵制社会责任缺失企业的产品或服务、维护社会整体利益和长远利益。

第三，社会责任消费行为贯穿于整个消费环节，是个人在获取、使用和处置产品时，倾向于最小化或消除对社会的危害并最大化其对社会利益的长期贡献的行为。例如，阎俊和佘秋玲认为社会责任消费行为是指在消费过程中的每一个环节主动履行保护环境、节约资源的社会责任，有意识地发挥消费权力的作用，以维护社会正义、促进良好的社会风尚、支持本国经济发展、追求和谐可持续发展的行为[68]。其他学者则指出，消费者的社会责任消费行为体现在产品获取、使用和处置的多个环节中[69]。

以上关于消费者社会责任消费的定义表明了它是一个内涵丰富的概念，其涵盖环境责任及多种社会责任，与企业社会责任密切相关并且贯穿于消费者决策及消费的全过程。

已有的社会责任消费的定义及测量体现了它不同的维度。施莱勒、克莱因和伯克（Schlaile, Klein and Böck）[70]认为，社会责任消费包含信息获取责任——对产品、服务、企业的信息进行独立思考，保持细心和敏锐的观察；消费者公民意识——积极参与公民活动（如非政府组织），对市场结构、企业、政策和其他消费者的不同意见进行抗议；需求侧责任——购买决策前通过合作生产和价值共创参与到供应链中，通过购买选择哪些产品和供应商可以保留在市场上的方式进行消费投票，以及实际购买决策的批判性反思，如考虑结果、替代选择、产品和服务质量、改变消费模式等；责任使用——使用产品时考虑其对社会环境的影响，并以社会容纳能力为标准；责任处置——回收、避免不必要的浪费和垃圾[70]。韦伯、莫尔和哈里斯（Webb, Mohr and Harris）构建了三个维度的社会责任购买和处置量表（Socially Responsible Purchase and Disposal）[71]：基于企业社会责任的购买（如避免购买使用童工制造的产品、避免购买歧视女性或少数民族的企业的产品或服务，从改善员工工作条件的企业那里购买、从实施慈善捐赠的企业那里购买）、回收行为（如回收纸、塑料容器、易拉罐）、避免或减少使用对环境造成危害的产品的行为（如避免从伤害濒危动植物的企业处购买、避免使用污染空气的产品、避免购买污染水的产品、节约能源以减少对环境的影响）。维拉卡斯塔尼奥等（Villa Castaño, et al.）提出社会责任消费的测量包含支持履行外部企业社会责任的企业（如支持和购买那些促进自然资源保护的公司的产品）、支持履行内部企业社会责任的企业（如支持和购买保障员工权益的公司的产品）、合理消费（如只消费那些必需的商品和服务）、健康消费（如避免食用危害健康的产品——香烟和酒精）[72]。佩珀、杰克逊和乌泽尔（Pepper, Jackson and Uzzell）从道德消费的视角提出了社会意识购买行为和节俭购买[73]。可见，社会责任消费体现了消费者在社会责任消费意识形成、信息获取、购买、使用、处置过程中应该关注环境、社会、企业社会责任等信息及结果。

社会责任消费与企业履行社会责任密切相关。例如，莫尔、韦伯和哈里斯（Mohr, Webb and Harris）在定义社会责任消费行为时表明社会责任消费行为需要把企业社会责任作为影响消费行为的一个标准[69]，一个社会责任消费者应该避免从给社会造成伤害的企业那里购买产品，并且主动从帮助社会的企业那里购买产品。王晓东和谢莉娟提出社会责任消费与企业社会责任之间可以进行良性互动，社会意识导向作为理论逻辑之一[74]，其表明消费者是企业的核心利益相关者，其需求、感应在企业决策中具有关键作用，消费者的责任意识以及消费者对企业决策的重要影响可以引导企业行为。对企业而言，消费者的社会责任消费是一种压力，当消费者希望企业承担更多的社会责任时，企业就会回应消费者的这些要求[71]。

然而，当前我国消费者的社会责任消费意识仍处于发展初期，消费者的社会责任实践处于起步阶段。2020年1月，能源基金会和《南方周末》联合发起的《家庭低碳生活与低碳消费行为研究》报告发布，该报告显示，仅46%（样本数量3500）的消费者是出于理性的自身需求购买新服装或新品鞋，而在购买原因中消费者很少关注低碳环保因素。2020年7月14日，生态环境部环境与经济政策研究中心发布的《公民生态环境行为调查报告（2020年）》显示，消费者在实施绿色消费、减少污染产生、关注生态环境和分类投放垃圾等行为领域的实践程度仍较低。研究也指出我国消费者对责任产品的支付意愿不高[75]。这里的责任产品指产品来自积极履行社会责任的企业，产品生产企业的生产经营、产品的购买和使用过程未对经济、环境及社会带来负面影响，并且产品本身是安全、优质、环保的。王财玉和雷雳提出在消费领域存在不道德消费（如购买稀缺资源制品）、高污染高耗能消费等很多问题，解决这些问题需要政府发挥作用，但也需要消费者通过个人努力来促进社会进步和环境良性的发展[76]。

因此，消费者应对其消费行为承担责任，如果消费者在日常消费过程的各个环节中注意消费行为对环境、对社会等的正向影响，注重责任消费意识的培养，那么，这种积极的社会责任消费行为（意识）将有助于促进企业社会责任、减少企业社会责任缺失。相反，如果消费者在消费过程中缺乏社会责任消费行为（意识），则会助长企业社会责任缺失。

（二）消费者失责

随着企业社会责任缺失研究的拓展，学者们逐渐意识到应该关注企业社会责任缺失追责中消费者的作用。沙伊德勒和埃丁格-肖恩斯（Scheidler and Edinger-Schons）把消费者失责定义为消费者意识到其消费习惯在一定程度上促成了特定类型的企业社会责任缺失[32]。除此之外，几乎没有企业社会责任缺失研究重视消费者失责的问题，他们的定义仅仅强调了消费习惯对特定类型的企业社会责任缺失的促成作用，而忽略了消费者需求、消费者参与（如参与生产、参与购后处置等）对企业社会责任缺失的潜在影响。因此，消费者失责仍是一个有待完善和发展的概念，需要对它的表现和影响结果进行更细致的探索和研究。

尽管有少数企业社会责任缺失研究没有明确使用消费者失责概念，但这些研究中却隐含着消费者失责的线索。例如，杨继生和阳建辉发现居民对不同类型的企业社会责任缺失存在选择性反应，如居民对环境污染问题反应淡漠，而居民的这种选择性反应会弱化社会对企业失责行为的监督作用[11]。王仙雅和毛文娟认为，消费者是一种社会监督的力量，其对食品质量安全信号认知不足是社会监督不足的一个表现，社会监督不足会助长食品企业的过度逐利和从众行为，从而增加群体性食品安全责任缺失[77]。这也反映了消费者在企业社会责任缺失中的作用不仅受消费习惯的影响，还跟消费者的意识和行为表现有关。徐立成和周立认为，食品消费者追求物美价廉的心理、忽视消费对他人的影响等助长了食品企业的不负责任行为[78]。在现有消费者失责定义的基础上，结合消费者社会责任消费文献以及隐含消费者失责线索的相关研究所提供的启示，本书研究认为消费者失责是消费者意识到其需求或需要、消费习惯、参与（如参与生产、交换、购后处置等）在一定程度上促成了特定类型的企业社会责任缺失。

从个体消费者视角进行的企业社会责任缺失归因研究比较缺乏。有限的研究关注了信息效价（Valence）、消费者企业社会责任期望对企业社会责任缺失感知的影响。布鲁克和德波尔（Brunk and de Boer）发现，消费者会对企业品牌形成整体的积极或消极的评价，企业品牌不端行为会使消费者形成企业品牌不道德的感知[43]。消费者企业社会责任期望是指消费者对企业如何做出行为表现，特别是如何践行社会责任的一种信念，其可分为企业社会责任的经济期望、法律期望和伦理期望。如果企业没有满足消费者对企业履行社会责任的期望，反而做出了社会责任缺失行为，消费者会感知到更强烈的企业社会责任缺失[33]。吉姆、克里希那和达内什（Kim，Krishna and Dhanesh）发现，企业社会责任经济期望负向影响企业不端行为感知，即消费者对企业社会责任经济期望越高，则感知企业不端行为的程度越低；企业社会责任伦理期望越高，则感知企业不端行为的程度越高[79]。因此，不同类型的企业社会责任期望影响着消费者对企业社会责任缺失的感知、评价和传播。熊国保和姜曼认为消费者维权意识薄弱是旅游企业社会责任缺失的原因之一[80]。但是，该文献仅是思辨性文章，仅谈及消费者极个别的失责体现并且缺少实证依据。

此外，关于消费者权力（Consumer Power）的文献表明，消费者和卖家之间存在着权力关系——制裁权力（Sanction Power）、专家权力（Expert Power）以及合法性权力（Legitimate Power），消费者可以通过正面制裁权力忠诚于卖家，保持与卖家的关系，也可以通过负面制裁选择退出，如抵制购买，以终止与卖家的关系；消费者的专家权力体现在拥有市场中产品质量和价格信息；消费者的合法性权力即消费者对市场营销（特别是产品和价值政策）的直接影响能力。代文彬、慕静和周欢认为，食品企业社会责任缺失的一个重要原因是消费者社会责任消费不足，而且他们发现专家权力和制裁权力对食品消费者的社会责任消费有正向作用[81]。因此，如果消费者努力维护和实施专家权力和制裁权力，丰富产品质量和价格信息，对不良商家进行制裁、抵制购买，有助于促进社会责任消费，从而减少企业社会责任缺失。

消费者失责与顾客（消费者）不当行为（Customer/Consumer Misbehavior）是两个不同的概念。顾客不当行为是顾客违反消费情境中广受认可的行为规范，从而破坏消费秩序的行为表现，它是人们在交换情境下作为消费者的部分行为，具体包括在店内偷窃商品、故意破坏、财务欺诈、对其他顾客或店员进行身体或语言侵犯等。顾客不当行为的同义词有功能障碍型顾客行为（Dysfunctional Customer Behavior）、顾客异常行为（Aberrant Customer Behavior）、顾客异常（Customer Deviance）。功能障碍型顾客行为指顾客故意或无意、公开或秘密地采取某些行为以破坏其他功能性服务。丰贝尔等（Fombelle et al.）把顾客异常定义为顾客在线上或线下环境中剥夺公司、员工或其他顾客的资源、安全、形象或其他成功体验的所有行为，这些行为包括顺手牵羊、盗版数字信息、在自助服务站作弊，在社交媒体上从事敌对的、反品牌的行为[82]。因此，顾客不当行为是在交换情境中的消费者行为，多与服务接触有关，而消费者失责的界定是基于企业社会责任缺失的情境，消费者失责可能存在于消费决策前、消费过程中以及购后处置等环节。

由于消费者面对企业社会责任缺失时倾向于解释事件的原因并考虑谁应该为该负面事件承担责任[25]，在大多数企业社会责任缺失中企业有着不可推卸的责任，而消费者在企业社会责任缺失中应承担的责任是一个新的研究视角。

四、企业社会责任缺失归因中的其他责任

除了组织管理、企业领导者个人及消费者方面的驱动因素，企业社会责任缺失还受环境因素、行业特性等其他因素的影响。例如，企业所在环境的腐败程度对企业社会责任缺失存在影响。有学者们以制度理论为基础，研究了腐败对企业社会责任缺失行为的影响，他们发现，企业经营所在环境的正式腐败（源于政府人员和企业人员基于职权的交易行为）和非正式腐败（源于个体公民日常的经历、观察和感知中的腐败行为）程度与企业社会责任缺失呈正相关[7]。吴（Wu）发现了当地政府的腐败程度会增大企业社会和环境责任缺失行为的可能性[23]。乌卡尔和斯塔尔（Ucar and Staer）发现，当地公共领域的腐败与企业社会责任之间存在稳定的、显著的负相关关系[83]。可见，腐败是引发企业社会责任缺失的一个重要因素。

此外，国家或地区间发展的不平衡、规则的差异性也是跨国企业社会责任缺失的一个因素。例如，在跨国公司情境下，国际化的公司与不同地域进行合作的过程中，在环境标准或社会公平标准不健全的国家，子公司

会因为财务压力向这些标准妥协,从而增大了企业社会责任缺失的可能性[20]。另外,企业社会责任缺失还反映了企业所属行业的特征,而不良的行业竞争环境是引发企业社会责任缺失的重要因素[84]。正如食品企业发生社会责任缺失的可能性要高于其他行业的企业[60],属于原罪型(Sinful)行业(如游戏业、博彩业、军火行业、香烟行业、酒精行业)的企业,尽管在法律上是被认可的,但在社会上是被排斥的,由于它们开发、许可和流通有害的产品或服务,对社会具有显而易见的危害性,因而被认为是先天性缺乏社会责任的企业[85]。

第四节 企业社会责任缺失与消费者响应

一、企业社会责任缺失对消费者响应的影响

在梳理企业社会责任缺失产生的消费者层面的影响结果的同时,本书也归纳了企业社会责任缺失给企业带来的影响。现有研究表明,企业社会责任缺失既可能为企业带来正面的经济价值,也可能降低企业的经济收益。李茜、熊杰和黄晗发现企业社会责任缺失对财务绩效呈 U 形影响[17]。然而,大部分研究表明,企业社会责任缺失对企业具有消极影响。例如,金、程和曾(Jin,Cheng and Zeng)发现企业环境责任缺失事件在资本市场具有溢出效应,而这种责任缺失事件在短期内会对累计异常收益率具有显著的消极作用[86]。此外,企业社会责任缺失会降低企业价值[87]、对企业绩效形成更持久的负面影响[26]。胡俊南和王宏辉发现环境责任缺失的重污染企业的盈余质量、市场价值和市场份额均低于承担着环境责任的重污染企业[88]。

企业社会责任缺失除了影响企业价值和企业绩效外,还会对企业声誉

产生影响。投资者会从企业如何对待一个利益相关者团体中解读出企业将会如何对待另一个团体,从而把企业社会责任缺失作为投资决策的一种信号,以影响投资者的决策行为[89]。企业社会责任缺失会负面影响企业声誉,且基于声誉惩罚溢出效应,同行业的其他企业也会受到惩罚[90-91]。此外,研究还表明,企业社会责任缺失会给企业的组织管理带来不利影响。例如,企业社会责任缺失会降低组织公平感[92]、促使企业频繁更换管理层人员[93]。企业可以发布企业社会责任报告以让利益相关者了解企业在企业社会责任方面的努力。企业社会责任缺失会影响企业社会责任报告的语言特征,企业社会责任缺失越多,就越有可能使用更多的助动词、副词、连词、非人称代词等叙述性(而非分析性)语言和欺骗性(而非真实性)语言(编造与现实相反的经历或故事)以免利益相关者减少对企业的信任、增加对企业的质疑[94]。企业社会责任缺失通过媒体曝光后,对企业的负面影响就会更为明显。研究表明,媒体对企业社会责任缺失的报道增加了企业的财务风险[95],而在跨国并购情境下,媒体对企业社会责任缺失的报道会降低跨国并购完成的可能性、延长跨国并购完成的时间周期[18]。这些研究结果表明企业社会责任缺失影响企业价值、企业绩效、企业声誉、企业社会责任沟通等与企业经济利益密切相关的变量。

对于企业社会责任缺失,消费者会表现出感知、情感、行为意愿等方面的响应。根据群体内情感偏见模型(Intergroup Affect and Stereotypes Map,IAS)可知,行为效用有消极和积极之分。因此,消费者响应也可以分为积极响应和消极响应。总体而言,现有企业社会责任缺失文献重点关注企业社会责任缺失带来的负面消费者响应,却很少有文献关注企业社会责任缺失可能产生的消费者积极响应。企业社会责任缺失引发了消费者的消极情感和行为反应[96]。这种消极情感体现在,企业社会责任缺失所造成的受害者伤害使消费者对企业产生道德义愤(Moral Outrage)[36]。研究表明,企业社会责任缺失会产生负面的消费者态度和行为响应,如对品牌和企业的消极态度[97-98],负面口碑[99-100],责备和抱怨[40][98],以及惩罚和抗议行为等[101]。一项在23个国家中开展的研究发现，23%的消费者会拒绝购买责任缺失企业的产品或者向他人推荐该公司，另有17%的消费者考虑做出同样的行为。当消费者感知到企业做了错事，会对利益相关者（如员工、消费者、社会）产生消极的甚至有害的结果时，就会产生抵制行为[102]。对品牌而言，企业社会责任缺失负向影响品牌价值和品牌排名[103-104]，促使消费者对企业做出负面的品牌评价[58]。有的消费者倾向于传播企业社会责任缺失的负面口碑[45]，有的消费者则会抗议和抵制企业社会责任缺失，如线上参与抗议、对企业产品销售进行阻碍、对企业进行监督[105]。此外，斯威汀等（Sweetin, et al.）发现相较于企业履行社会责任，在企业社会责任缺失情境下，消费者的奖励意愿和购买意愿更低、品牌态度更消极[98]。

研究还发现，企业社会责任缺失会降低消费者的满意度、忠诚度和信任[106-108]，对消费者的支付意愿和购买意愿也有负向影响[38]。经历了企业欺诈的消费者会表现出保守的投资意愿，降低家庭投资股市、购买私人保险的可能性，而投资房地产的可能性会更高[109]。一个企业在发生CSI行为后做出履行社会责任行为，会使消费者产生企业伪善的感知，进而表现出消极的购买意愿[110]。

除了笼统地研究企业社会责任缺失带来的消费者响应，现有文献还对部分消费者响应做了分类。例如，罗玛尼、格拉皮和巴戈齐（Romani, Grappi and Bagozzi）从建设性和破坏性两个方面对惩罚行为进行了划分，并探究了企业社会责任缺失产生不同惩罚行为的内在原因，即企业社会责任缺失不仅会增加消费者愤怒，进而增加建设型惩罚，还会引发轻视，进而增加破坏型惩罚[111]。另外，吴、白和金（Oh, Bae and Kim）的研究表明，烟草、酒精、游戏等原罪型企业增加企业社会责任的广告传播会适得其反，不利于改变人们已经形成的负面刻板印象[85]。由上可见，多数情况下，企业社会责任缺失会形成消极的消费者响应。

相较于国外学者在企业社会责任缺失领域研究成果的发表情况，国内企业社会责任缺失文献数量较少，但越来越多的学者开始关注企业社会责任缺失话题。例如，郑海东等运用案例研究探索了公众对企业社会责任缺失的反应机制，发现公众对企业社会责任缺失的认知会影响公众对企业品牌的态度[112]。肖红军和李平重点研究了平台型企业的社会责任缺失问题并提出了生态化治理方案[113]，将现有研究从笼统地研究企业社会责任缺失细化至特定类型企业的社会责任缺失。徐莉萍、刘雅洁和张淑霞研究发现，企业社会责任缺失越严重，企业债券融资成本越高，企业履行社会责任使得企业社会责任缺失对债券融资成本的影响减弱[114]。左伟和谢丽思对消费者响应食品企业"道德缺失"与"能力不足"两类企业社会责任缺失进行研究发现，这两类企业社会责任缺失均正向影响消费者惩罚意愿，相较于"能力不足"类企业社会责任缺失，消费者对"道德缺失"类企业社会责任缺失的企业惩罚意愿更高，这种影响受到消费者企业社会责任缺失感知的中介影响[115]。张宏和王宇婷研究表明，企业社会责任缺失显著负向影响消费者品牌信任[116]。朱文忠、傅琼芳和纪晓夏以互联网平台企业为情境，研究了卖家社会责任缺失对平台企业顾客忠诚度的影响，发现卖家社会责任缺失负面影响平台企业顾客忠诚度，顾客感知的平台心理距离越近、平台品牌形象越好，越能削弱这种负面影响[117]。然而，由于现实中我国个体性及群体性企业社会责任缺失事件时有发生，故有必要进行更多的研究以探索企业社会责任缺失对消费者响应的影响。

总体而言，国外学者们从消费者对企业社会责任缺失的感知、情感、态度、行为响应等方面研究了企业社会责任缺失产生的消费者响应。消费者对责任缺失企业或品牌的负面口碑是最受关注的消费者响应，再就是消费者对品牌和企业的消极态度以及企业社会责任缺失产生的消费者抵制和抗议行为（意愿）。现有企业社会责任缺失与消费者响应的实证研究均发现企业社会责任缺失会带来消费者的消极响应。尽管学者们已经开始探讨企业社会责任缺失与消费者响应的关系，但很少有研究关注企业社会责任缺失中存在消费者失责时会形成哪些消费者响应，因而需要更加系统、全面地进行企业社会责任缺失与消费者响应的关系研究。

二、企业社会责任缺失影响消费者响应的作用机制

（一）道德情感

随着道德认知研究的发展和成熟，道德情感（Moral Emotions）受到了学者们的关注。20世纪80年代至90年代是道德情感研究的成长期。道德情感是人类道德体系中的一个重要元素，其在判断人们的道德行为是否遵守道德准则的过程中起重要作用[118]。道德情感被认为是道德判断的源泉，如正义感、尊严感。学者们对道德情感的定义、分类和影响结果进行了丰富的研究[119]。

首先，道德情感的定义。如何从众多情感中识别出道德情感，需要先理解道德。哲学家们通过明确一个陈述来作为道德陈述的形式条件（Formal Conditions）（如规范性的、可普遍化的、超越非道德的）以及明确道德问题的物质条件（Material Conditions）（如道德规则和判断要对社会或至少对判断主体以外那些人的利益产生影响）来定义道德。由于明确道德问题的物质条件的定义方式在心理学研究中更有前景，其未把道德跟语言进行捆绑，还可以研究动物和幼儿，因此，已有文献采用了这种定义方式，把道德情感定义为人们对自我之外的相关群体所产生的情感，即一种与社会福祉或他人利益有关的情感[120]。

其次，道德情感的分类。依据亲社会行为倾向（Prosocial Action Tendencies）（低和高）和诱发者（Elicitors）（自私的和无私的）两个维度，道德情感被分为谴责他人的情感、自我意识的情感、他人承受的情感、肯定他人的情感四种类型[120]。谴责他人的（Other - condeming）情感是对他人的行为或特征的消极情感，包含蔑视（Contempt）、愤怒（Anger）和厌恶（Disgust）。厌恶可以引起避免、驱逐、断绝接触等动机，以及清洗、净

化、避免所有身体接触的动机，而蔑视后的行为倾向则比较平和，既没有攻击也没有退缩，更多的是带来社会认知的改变。自我意识的情感（The Self-conscious Emotions）是在避免引发他人蔑视、愤怒和厌恶的情况下，帮助人们处理融入群体的复杂性，包括羞耻（Shame）、尴尬（Embarrassment）和愧疚（Guilt），也被称为谴责自我的道德情感。他人承受的情感（The Other-suffering Family）主要是悲痛（Distress）和同情（Sympathy）。当感知他人在遭受痛苦时，会产生同情，同情则促使人们产生帮助、安慰他人的意愿。肯定他人的情感（The Other-praising Family）包括感激（Gratitude）、敬畏（Awe），其会引发人们的亲社会行为。鲁道夫和查拉克特谢夫（Rudolph and Tscharaktschiew）识别了钦佩、愤怒、敬畏、蔑视、厌恶、尴尬、愧疚、感激等23种道德情感，并从对象（行动者，观察者）和功能特质（消极信号，积极信号）两个维度，把这23种道德情感分成了四类[121]。其中，愧疚属于行动者消极信号类的情感，愤怒属于观察者消极信号类的情感。从海特（Haidt）[122]与鲁道夫和查拉克特谢夫（Rudolph and Tscharaktschiew）[121]对道德情感的分类来看，两者具有相似性，即道德情感有积极和消极之分，愤怒和愧疚均属于消极道德情感，愤怒更多的是关注他人，愧疚则主要关注自己。

最后，道德情感的影响结果。不同道德情感引发的行为倾向具有差异性。积极的道德情感在防止不道德行为的发生[120]和鼓励亲社会行为[123]当中具有重要作用。例如，崇高对亲社会行为有正向影响，它会促使人们做正确的事情[124]。消极道德情感会引发消费者的负向行为。例如，哈彻森和格罗斯（Hutcherson and Gross）发现当侵犯发生时，与愤怒有关的响应是采取措施阻止或干预作恶者，而厌恶与道歉的有效性有一定的联系[125]。

在企业社会责任缺失情境下，对于企业社会责任缺失如何影响消费者响应，现有文献多通过消费者的道德情感进行解释。谢、巴戈齐和格伦豪格（Xie, Bagozzi and Grønhaug）认为道德情感是经过传承或习得的对那些违背个人道德标准的事件的一系列反应，其与全社会或者至少与决策者以外者的利益或福祉有关[107]。道德情感可以分为爱、自豪和崇高等正面情感以及愤怒、厌恶和愧疚等负面情感。目前，用于解释企业社会责任缺失影响消费者响应的道德情感主要是蔑视、愤怒和厌恶。面对企业社会责任缺失，消费者的企业社会责任缺失认知形成负面道德情感，通过负面道德情感，消费者进一步产生负面口碑[37][41]、对企业的抱怨及抵制行为[40][105]和惩罚企业的意愿[98]。尽管企业社会责任缺失会产生消极的消费者响应，但如果是因为消费者对企业的错误期望引发了企业社会责任缺失，则会使消费者产生同情，进而形成对企业的帮助行为意愿（如推荐或购买产品）[126]。

除道德情感之外，现有研究也表明，消费者对企业、品牌及企业社会责任缺失受害者的感知及态度对企业社会责任缺失对消费者响应的影响具有中介作用。例如，安托内蒂和安妮莎（Antonetti and Anesa）研究了消费者对企业在税收方面缺乏社会责任的响应，发现激进的税收政策会降低消费者对企业道德水平的感知，进而形成对企业的消极态度、降低购买意愿[42]。休伯等（Huber, et al.）发现，消费者品牌个性感知在企业社会绩效对品牌价值评价的负向影响中具有中介作用[127]。

此外，基于社会认同理论，有学者通过实证研究发现对受害者的身份认同会增加对受害者的同情、对企业的愤怒，进而形成对企业的消极态度和惩罚意愿，这种效应的产生是由于感知到与受害者的相似性[36]。除了与消费者心理有关的中介变量，研究还发现，当发生企业社会责任缺失时，企业社会责任沟通信息的传播渠道会影响消费者的态度，这使得信息传播渠道的选择成为企业负面影响的强化剂或缓冲器[100]，因此，所选择的信息传播渠道能够缓解或强化企业社会责任缺失对企业的负面影响。另外，现有文献还发现社交媒体传播指数具有中介作用。具体来讲，即社交媒体在传播企业相关信息的过程中起到了工具性作用，消费者可以从社交媒体获取企业履行社会责任或企业社会责任缺失的信息。如果社交媒体持续传播企业正面信息会让消费者产生企业在做正确的事的认知，从而减少对企业社会责任缺失的关注和负面印象，这表明了社交媒体传播指数在企业社会责任缺失信息沟通中对消费者响应的中介作用。

总的来讲，道德情感对理解人们的道德行为有重要作用，现有企业社会责任缺失研究主要把道德情感作为解释消费者响应企业社会责任缺失的作用机制，从而验证了消极道德情感在企业社会责任缺失与消费者响应的关系间具有稳定的中介作用。当前道德情感影响消费者企业社会责任缺失响应的文献聚焦于消极道德情感中的愤怒如何决定消费者惩罚决策[34][111]。研究还发现，当理想自我和现实自我存在矛盾时，会引发消极的情感[128]，当人们不能将自己的行为归咎于外部诱因或情境约束时，愧疚就是持续最久的消极情感。因此，本书主要关注道德情感中的愤怒和愧疚。

（二）愤怒和愧疚

愤怒是一种明显的对与自己或朋友有关的侵犯进行报复的冲动，它不仅是对侵犯的响应，也是对自尊的维护，可以被与自己有关的或与朋友有关的不正当侵犯激发，人们在愤怒以后倾向于做出自私和反社会的行为。愤怒的形成有很多驱动因素，如工作场所中的粗暴行为会引起愤怒[129]、情绪不稳定和分配不公平会增加愤怒[130]、组织的违规行为也会导致愤怒[131]。愤怒常常与消极情感和行为有关，还会引发伤害或惩罚的行为或意愿。在惩罚文献中，愤怒的作用也非常明显，是惩罚第三方的直接机制。例如，研究表明愤怒会引发消费者对受害者的支持、对作恶者的惩罚行为[132]。同时，愤怒还蕴含着报复心理、试图打击和伤害冒犯者[133]，能够激发人们的报复意愿（行为）[134-135]。

由于以往的研究对愤怒的测量缺乏一致性，因而使得愤怒的影响结果具有差异性，在此基础上，安托内蒂、克里萨弗利和卡特西凯亚斯（Antonetti, Crisafulli and Katsikeas）进一步对愤怒进行了细分，认为它不是单维的构念，可以从支持性（Supportive）和惩罚性（Vindictive）两个维度来理解愤怒[136]。前者包含烦恼、沮丧和其他轻微的消极情绪，后者包含强烈的愤怒、恼怒和义愤。他们发现，惩罚性愤怒会激发消费者的报复和惩罚，而支持性愤怒则会使人们产生与企业合作从而帮助企业解决问题的意愿。这表明愤怒也可能带来积极的，甚至亲社会行为[137-138]。企业社会责任缺失的相关研究表明，消费者对企业社会责任缺失后果严重性感知程度越高，消费者负面反应越强烈[37]。这是因为企业社会责任缺失与道德缺失感和第三方不公平感之间存在联系[25]，二者都能唤起愤怒，从而对消费者的行为产生影响。因此，企业社会责任缺失会使消费者产生愤怒。

愧疚是由违背道德准则和规范引起的情感[139]，是人们在违背道德准则以后形成的自我谴责的道德情感。鲍迈斯特、史迪威和希瑟顿（Baumeister, Stillwell and Heatherton）把愧疚定义为与个人的行为、不作为情况或意愿有关的不愉快的情绪状态[140]，其来源是个人可能出错或被他人认为犯了错，受人际交易（包括侵犯和不公平）的驱动，且随着人际关系的变化而变化。愧疚所带来的结果是它激发人们帮助受害者或对自己的失责进行弥补。当人们对自己所做的事情感到愧疚时，通常会做出亲社会行为以消除愧疚[141]。因此，愧疚与忏悔、道歉、消除行为后果等弥补行为有关。当工作中人们被告知其行为违背社会规范、不受欢迎时，其就会产生愧疚，进而引发弥补行为（组织公民行为）[142]。也有学者表明愧疚使人们产生惩罚或容忍的意愿。同时，愧疚还有助于关系的加强，比如驱动人们善待同伴、避免侵犯、把不公正最小化等。因此，愧疚源于犯错、违规、未尽责任等行为表现，其有助于人们意识到自己的错误并做出相应的弥补。

关于人们何时会感到愧疚，现有文献表明，个人觉得对他人的负面情感状态负有责任或给他人造成伤害时会感到愧疚。但是，个人即使未觉察自身对他人的消极状态负有责任时也能够产生愧疚。具体表现是，当个人自身没有伤害他人，但其所属群体成员的行为对他人造成了伤害时，个人也会产生愧疚，并且当其作为无辜的旁观者但没有提供相应的帮助时，这种不作为也会引发愧疚。因此，可以推断在企业社会责任缺失情境下，消费者感知到自己在企业社会责任缺失中的失责时，可能会产生愧疚，甚至自己没有直接责任,但所属群体成员对企业社会责任缺失负有责任时,消费者自己也可能会产生愧疚。

三、企业社会责任缺失影响消费者响应的作用条件

(一)消费者个性特征、企业特征和企业社会责任缺失事件属性的调节作用

关于企业社会责任缺失影响消费者响应的作用条件,以往的文献从消费者个性特征、企业特征、企业社会责任缺失事件和来源国效应方面进行了研究,其中学者们重点关注的是消费者个性特征的调节作用。消费者个性特征的调节作用体现在:社会公正价值观、关系自我、集体自我和情感共鸣会增强企业社会责任缺失对消费者情感及行为响应的作用;消费者的公德心正向调节消费者消极道德情感在企业社会责任缺失对消费者消极响应的影响关系中的中介作用;消费者集体自恋程度越高,对企业社会责任缺失受害者认同的感知相似性程度越高,进而引发对受害者更高的同情[36]。此外,消费者归因还会调节企业社会责任缺失对消费者响应的影响。企业社会责任缺失发生后,消费者会自发地对企业的错误或有害产品进行归因。当消费者认为企业社会责任缺失源于企业外部,并且企业的这种责任缺失行为是暂时的(非持续性的)、不可控的,其就会归因于外部因素;当消费者认为企业社会责任缺失源于企业内部、企业本可以采取措施控制并阻止社会责任缺失行为的发生时,就会产生更高的企业失责,从而增加对企业的愤怒[12]。

与企业特征有关的调节变量主要是消费者—企业关系、消费者—品牌关系、消费者对企业及品牌的感知。例如,安托内蒂和安妮莎(Antonetti and Anesa)发现,消费者与品牌之间的关系越紧密,对企业社会责任缺失的容忍程度越高[42]。当消费者对伦理产品的偏好程度低时,就会增强情感

对抵制行为的直接效应[143]。消费者企业倾向感知是消费者对企业以往行为表现的主观感受，也是对企业社会责任缺失发生以后，企业是倾向于积极承担责任还是推卸责任的一种主观认知。当消费者感知到企业过去是一个负责任的企业时（即企业倾向于积极承担责任），这种积极的消费者认知会产生晕轮效应或溢出效应，从而使得消费者认为企业在发生产品伤害危机后，会倾向于承担责任[25]。如果企业被认为具有不负责任行为倾向时，则消费者会认为企业在社会责任缺失事件中应该承担更多的责任[12]。察连科和托吉布（Tsarenko and Tojib）发现，品牌不端程度较轻时，消费者对企业以往社会责任表现的感知正向调节消费者原谅与再购意愿的关系[161]。

企业社会责任缺失事件方面的调节变量研究表明，消费者感知的企业社会责任缺失严重程度弱化了企业社会责任缺失伤害对象感知相似性对同情的作用[37]，这意味着企业社会责任缺失严重时，即使与受害者相似度低也会产生同情。由此可知，企业社会责任缺失严重性感知是研究企业社会责任缺失与消费者响应的影响关系时不可忽略的一个因素。此外，来源国效应对企业社会责任缺失影响消费者购买意愿及支付意愿存在调节作用。这种调节作用体现在，对于同样的产品，如果国内品牌出现企业社会责任缺失，则消费者会更愿意购买国外品牌、为国外品牌支付更高的费用[38]，反映出对国外品牌的偏好。

由于目前个体消费者视角下关于企业社会责任缺失作用于消费者响应的机制和作用条件的研究比较有限，特别是国内企业社会责任缺失研究还有待丰富，因此，还需要更多的研究来对企业社会责任缺失影响消费者响应的中介机制和调节变量进行深入探寻[144]，这也在一定程度上限制了本书企业社会责任缺失影响消费者响应的作用机制和作用条件这两部分内容的篇幅。

（二）道德认同

学者们从不同视角对道德认同进行了比较丰富的概念研究。一方面，学者们认为道德认同是自我概念的一部分，是个人在多大程度上认同自己是一个有道德的主体及这种认同如何影响个人的自我概念。例如，李萍认为，道德认同强调伦理价值目标，其离不开主体的道德成长意愿，且与自我认同具有高联结性[145]。另一方面，学者们把道德认同理解为由道德价值观、道德目标和道德行为构成的知识结构。例如，阿基诺和里德（Aquino and Reed）认为，可以把道德认同理解为存在于个体记忆中的以道德价值观、道德目标、道德特征和道德行为为基础构成的知识结构，是众多身份中人们可以用来作为自我定义的一个基础，包含私人的（Private）也即内化性（Internalization）和公开的（Public）也即象征性（Symbolization）两个维度[146]。克雷滕瑙尔、穆鲁阿和贾（Krettenauer, Murua and Jia）表明了道德认同是依赖于情境的自我结构，其在发展的过程中得到区分和整合，包含一系列的价值倾向，是一个人的道德人格的构成部分[147]。王和哈克特（Wang and Hackett）也认为道德认同是一种知识结构，包含一个人所拥有的道德美德和一个有道德的人如何在不同的场合表现美德[148]。大量的研究采用了阿基诺和里德（Aquino and Reed）对道德认同的定义[149]，本书与王和哈克特[148]等学者的观点保持一致，本书认为道德认同是一种知识结构，包含道德价值观、道德目标、道德特征和道德行为，体现了个人的道德品质。

已经有丰富的研究表明，道德认同在道德运行中具有重要作用，这是因为道德认同影响人们解释和响应具有道德判断和道德选择情境的方式。勒费弗尔和克雷滕瑙尔（Lefebvre and Krettenauer）使用元分析检验了道德认同与道德情感之间的关系，发现道德认同与道德情感具有显著的相关性[150]。道德认同能够显著预测道德行为，不同道德认同的消费者的行为表现具有差异性，道德认同低者，其不道德行为倾向更高[151]。此外，道德认同与亲社会行为、伦理行为等道德行为显著相关[152]。道德认同高者对违背公平的行为表现出更强烈的响应[153]。个别研究表明，道德认同对企业社会责任缺失影响消费者响应（负面口碑、抱怨、抵制行为）的程度存在调节作用。基于道德认同作为个体消费者重要的道德品质,本书将探讨其对 CSI 归因影响消费者响应意愿的调节作用。

第五节　道德净化效应

依据规范性价值观理论,无论企业处于何种经营状况,它都有道德性的社会责任,应当对利益相关者的要求做出恰当的回应,从更根本的价值判断视角指出企业必须关注利益相关者的利益要求。企业违法的或不道德的社会责任缺失则是未能履行其道德性的社会责任,违反规范性价值观的要求。因此,企业社会责任缺失研究可以从道德的视角来解释企业社会责任缺失问题,以丰富企业社会责任缺失的理论视角[154]。

研究表明,人们会在行为表现中力图维持自己的道德水平在社会可接受的范围之内,并通过做出道德或不道德行为来调节自身的道德自我形象。以往的道德选择会影响当前的选择,然后影响未来的选择,因此人们会在道德决策中寻求平衡[155]。道德自我感知与道德行为有关,人们的行为能够改变其道德自我感知:不道德行为降低人们的自我形象感知,道德行为促进人们的自我形象感知。关于道德自我调节的研究指出,人们会努力维护自己的道德认同(包含诚实、可靠、慈悲等道德特征的一种自我概括性的认识)[146]。钟、利尔詹奎斯特和凯恩(Zhong, Liljenquist and Cain)划分了两种道德调节机制——道德许可和道德补偿[155]。具体来讲,即理想的道德自我激励道德目标的实现,同时这也是一个调节理想自我和现实自我之间差异的参照点。人们通过比较现实的道德行为和理想的道德行为来判断自己是否是一个有道德的人,在实际行为差于理想行为时提升道德水平(弥补),或在实际行为优于理想行为时允许自己在道德上松懈(许可)。

日常生活中消费者常常会做出道德行为,如向他人提供捐赠。但是,消费者在做出这些道德行为时会进行成本的考量。那么，何时应做出道德的行为表现呢？萨赫德瓦、伊利耶夫和梅丁（Sachdeva，Iliev and Medin）认为，道德自我感知是指示人们何时需要道德行动的一个计量表[156]。道德自我感知可以用来衡量一个人的道德表现，是人们对自己道德水平程度的感知。不道德行为对道德自我感知有消极影响，为了弥补失去的道德自我感知，人们会做出道德行为。因此，人们做出不道德行为后，会适当表现出补偿行为以修复道德自我形象（即道德净化）（Moral Cleansing）[156]。道德净化是为了弥补以往的过错（Transgressions）而重建道德自我感知的行为。人们希望保持一种道德自我形象并消除感知的自我形象和期望的自我形象之间的明显差距[157]。

韦斯特和钟（West and Zhong）划分了三种道德净化[157]：修复式净化（Restitution Cleansing）、行为式净化（Behavioral Cleansing）和象征式净化（Symbolic Cleansing）。修复式净化是直接以消除道德威胁为目的，改正错误的行为。行为式净化是通过平衡不同道德特征维度来修复道德自我感知，人们可以使用在一个维度中获取到的道德信用（Credit）去抵销另一个维度中的罪过带来的道德债（Debits）。例如，人们在收到违规驾驶的错误反馈后，从事社区服务的意愿会更强烈。象征式净化可以在不同道德自我的领域中进行行为修复。象征式净化是象征的，也是隐喻的。例如，清洁身体作为一种象征性的修复行为可以代替真正的纠正过去错误的努力。通过洗手缓解道德自我形象威胁。

同样，钟等（Zhong, et al.）的补偿道德模型（A Model of Compensatory Ethics）指出道德行为部分取决于一个人的道德自我形象[158]。先前的道德行为可以提升一个人的道德自我形象，当人们被启动了道德行为时，在随后的选择中，他们会表现得不那么道德；相反，当个体做出一个相对不道德的决定时，他们将失去或消耗他们的一些道德的、个人的信用，然后被驱动着去重新获取和展示这种信用，从而促使他们在接下来的道德选择中做出更道德的行为。

从组织层面看，现有文献已经研究了企业社会责任缺失中的道德许可效应和道德净化效应。例如，奥米斯顿和王（Ormiston and Wong）发现，以往的企业社会责任与后续的企业社会责任缺失呈正相关[159]，这是因为通过企业社会责任获得的道德信用使领导者减少了对利益相关者的道德行为。同样，企业社会责任研究中提出的保险机制（Insurance Mechanism）效应表明，企业会将企业社会责任作为一种战略机制为未来的企业社会责任缺失的发生提供保险和防护，这是因为良好的声誉是企业的一种无形资产，当企业遭遇负面事件时，它能够缓解利益相关者的消极响应，而企业社会责任能够给企业带来良好的声誉资产。克莱因和达沃尔（Klein and Dawar）[58]的研究为企业社会责任的保险机制效应提供了实证支持。他们指出在出现产品伤害危机时，企业社会责任能够弱化消费者的负面响应。此外，当企业表现出更高的环境责任时，生态伤害事件导致的股票市场消极反应会更小。这是因为企业通过以往的企业社会责任行为为企业积累了道德信用。此外，关于企业"做好事"和"做坏事"的研究表明，企业履行企业社会责任是基于补偿机制（Penance Mechanism），即企业履行企业社会责任是弥补过去的企业社会责任缺失的一种补偿形式。例如，现有研究发现，企业之所以履行企业社会责任是为了弥补企业社会责任缺失，把企业社会责任作为降低应对企业社会责任缺失时外部成本的手段[21]。康、杰曼和格鲁瓦尔（Kang, Germann and Grewal）通过研究企业社会责任、企业社会责任缺失和企业绩效之间的相互影响，验证了补偿机制的存在，表明了企业社会责任通常会在其缺失之后随之而来[10]。在消费者层面，沙伊德勒和埃丁格－肖恩斯（Scheidler and Edinger-Schons）提出了企业社会责任缺失中消费者失责与企业失责并存的观点，并发现消费者失责归因加重消费者抵制企业的态度，这是由于消费者把抵制作为一种道德方式来净化他们自己的失责、修复他们的道德认同[32]。

企业对社会负责任的行为可以被认为是一种有道德的行为。例如，王、切尼和罗佩（Wang, Cheney and Roper）认为除了市场引导，更应从消费者个体的道德和伦理方面去思考企业可持续发展实践的驱动力[160]。通过定性访谈，他们发现消费者的道德和伦理考量是企业可持续实践背后的主要驱动因素。相应地，本书认为，企业社会责任缺失是缺乏道德的行为。从克拉克和格兰瑟姆（Clark and Grantham）对企业社会责任缺失的定义（企业一切违法行为、虽合法但严重不可持续的或给其他主体造成明显损失或危害的不道德行为）可以看到，企业社会责任缺失是一种不道德的行为[22]。那么，当消费者作为企业社会责任缺失发生的共谋者时，就可以认为消费者做出了不道德的行为。

结合上述与道德净化效应有关的陈述，本书认为，在企业社会责任缺失情境下，当消费者感知到自己助长了企业社会责任缺失的发生时，其个人的道德自我形象感知就会受到消极影响，从而导致道德自我感知较低，为了在道德自我调节中寻求平衡，消费者有可能做出补偿行为以弥补自己的失责。

第六节　本章小结

通过回顾文献中对企业社会责任缺失的定义与分类、企业社会责任缺失的归因研究、企业社会责任缺失对消费者响应的影响及其作用机制和作用条件的研究可以看到，企业社会责任缺失是一个已经受到学术界认可的研究领域，它有着清晰的定义和明确的分类，而且学者们对它的前因、影响结果、中介机制和调节变量进行了较为丰富的研究。虽然现有企业社会责任缺失研究取得的诸多研究成果为本书理论框架的构建和假设的提出奠定了一定的基础，但是，这些研究仍存在以下不足：

第一，已有的企业社会责任缺失研究从企业内部和外部因素、企业社会责任缺失事件的可控性及稳定性方面解释了企业社会责任缺失行为，但对企业社会责任缺失归因的责任判断研究不足。消费者的某些需求或需要、消费行为及习惯会助长企业社会责任缺失。已有个别研究明确提出消费者在某些企业社会责任缺失事件中应承担责任（消费者失责），但对企业社会责任缺失中消费者失责的表现没有进行更全面的阐释。

第二，现有企业社会责任缺失影响消费者响应的研究中，结果变量主要是消费者对社会责任缺失企业或品牌的负面响应（如负面口碑、消极态度、抵制），而缺乏对消费者失责归因下企业社会责任缺失带来的消费者响应研究。即使个别研究有所涉及，也仅仅关注了个别消费者响应（抵制），没有探索消费者失责影响消费者抵制态度的作用机制。

第三，学者们主要用道德情感解释消费者响应企业社会责任缺失的作用机制，并证实了消极道德情感中介作用的稳定性，特别是阐述了企业社会责任缺失影响消费者响应的作用机制中，消费者对企业社会责任缺失产生的谴责他人的道德情感（如蔑视、愤怒、厌恶）的中介作用，但是，几乎没有学者注意到企业社会责任缺失可能会产生谴责自我的道德情感（如愧疚）及这种情感引发的后续结果和作用条件。

第四，国外学者以社会认同理论和归因理论等为指导构建了企业社会责任缺失研究的理论框架。然而，国内尚未建立起企业社会责任缺失研究的理论体系及有创新性的理论框架[144]。由于企业社会责任缺失违背了规范性价值观的要求，因此可以从道德规范的视角来解释企业社会责任缺失。目前，除了道德许可效应，较少基于道德相关的理论展开企业社会责任缺失的研究。另外，在研究方法上，现有研究未能同时使用多种研究方法检验研究结果的稳定性和普适性，这使企业社会责任缺失研究方法缺乏多元化。

第五，从研究情境来看，现有企业社会责任缺失研究成果多来自于美国、英国、意大利等发达国家，以新兴经济体为情境的企业社会责任缺失研究仍比较有限。国外学者在企业社会责任缺失研究中取得了丰富的成果且保持着对企业社会责任缺失主题的关注热度，相对而言，国内有关企业社会责任缺失的研究起步较晚且文献数量有限，特别是缺少高质量文献，在研究主题上则主要关注与企业应尽义务有关的微观企业治理问题。从研究视角来看,学者们多从组织层面研究企业社会责任缺失,从微观个体层次探讨企业社会责任缺失影响机制的研究还很缺乏。

鉴于此,本书在已有企业社会责任缺失文献的基础上,从个体消费者层面,研究 CSI 归因中的企业失责和消费者失责,以归因理论、社会责任消费研究和道德净化效应为基础,探讨 CSI 归因中的企业失责和消费者失责是否影响消费者响应意愿,以及这种影响效应发生的内在机制和作用条件。

注 释

[1] MURPHY P E, SCHLEGELMILCH B B. Corporate social responsibility and corporate social irresponsibility: Introduction to a special topic section [J]. Journal of Business Research, 2013, 66 (10): 1807 – 1813.

[2] ARMSTRONG J S, GREEN K C. Effects of corporate social responsibility and irresponsibility policies [J]. Journal of Business Research, 2013, 66 (10): 1922 – 1927.

[3] HERZIG C, MOON J. Discourses on corporate social ir/responsibility in the financial sector [J]. Journal of Business Research, 2013, 66 (10): 1870 – 1880.

[4] PEARCE C L, MANZ C C. Leadership centrality and corporate social Ir – Responsibility (CSIR): The potential ameliorating effects of self and shared leadership on CSIR [J]. Journal of Business Ethics, 2011, 102 (4): 563 – 579.

[5] 姜丽群. 国外企业社会责任缺失研究述评 [J]. 外国经济与管理, 2014, 36 (2): 13 – 23.

[6] FIASCHI D, GIULIANI E, NIERI F, et al. How bad is your company? Measuring corporate wrongdoing beyond the magic of ESG metrics [J]. Business Horizons, 2020 (63): 287 – 299.

[7] KEIG D L, BROUTHERS L E, MARSHALL V B. Formal and informal corruption environments and multinational enterprise social irresponsibility [J]. Journal of Management Studies, 2015, 52 (1): 89 – 116.

[8] LIN‑HI N, MÜLLER K. The CSR Bottom line: Preventing corporate social irresponsibility [J]. Journal of Business Research, 2013, 66 (10): 1928–1936.

[9] KRKAC K. Corporate social irresponsibility: Humans vs artificial intelligence [J]. Social Responsibility Journal, 2019, 15 (6): 786–802.

[10] KANG C, GERMANN F, GREWAL R. Washing away your sins? Corporate social responsibility, corporate social irresponsibility, and firm performance [J]. Journal of Marketing, 2016, 8 (2): 59–79.

[11] 杨继生, 阳建辉. 企业失责行为与居民的选择性反应: 来自上市企业的证据 [J]. 经济学(季刊), 2016, 16 (1): 275–296.

[12] VOLIOTIS S, VLACHOS P A, EPITROPAKI O. Perception‑induced effects of corporate social irresponsibility (CSiR) for stereotypical and admired firms [J]. Frontiers in Psychology, 2016, 7 (1): 1–6.

[13] SALAIZ A, EVANS K, PATHAK S, et al. The impact of corporate social responsibility and irresponsibility on firm performance: New insights to an old question [J]. Organizational Dynamics, 2020, 49 (2): 100698.

[14] IRELAND P. Limited liability, shareholder rights and the problem of corporate irresponsibility [J]. Cambridge Journal of Economics, 2010, 34 (5): 837–856.

[15] STÄBLER S, FISCHER M. When does corporate social irresponsibility become news? Evidence from more than 1,000 brand transgressions across five countries [J]. Journal of Marketing, 2020, 84 (3): 46–67.

[16] DEMACARTY P. Financial returns of corporate social responsibility, and the moral freedom and responsibility of business leaders [J]. Business and Society Review, 2009, 114 (3): 393–433.

[17] 李茜, 熊杰, 黄晗. 企业社会责任缺失对财务绩效的影响研究 [J]. 管理学报, 2018, 15 (2): 255–261.

[18] HAWN O. How media coverage of corporate social responsibility and irresponsibility influences cross‑border acquisitions [J]. Strategic Management Journal, 2021, 42 (1): 58–83.

[19] ATAY E, TERPSTRA‑TONG J L Y. The determinants of corporate social irresponsibility: A case study of the Soma mine accident in Turkey [J]. Social Responsibility

Journal, 2020, 16 (8): 1433-1452.

[20] STRIKE V, GAO J, BANSAL P. Being good while being bad: Social responsibility and the international diversification of U. S. firms [J]. Journal of International Business Studies, 2006, 37 (6): 850-862.

[21] KOTCHEN M J, MOON J J. Corporate social responsibility for irresponsibility [J]. The B. E. Journal of Economic Analysis & Policy, 2012, 12 (1): 1-21.

[22] CLARK T S, GRANTHAM K N. What CSR is not: Corporate social irresponsibility [C] //TENCH R, SUN W, JONES B. Corporate social irresponsibility: A challenging concept. Lead: Emerald Group Publishing Limited, 2012.

[23] WU J. The antecedents of corporate social and environmental irresponsibility [J]. Corporate Social Responsibility and Environmental Management, 2014, 21 (5): 286-300.

[24] FERRY W H. Forms of irresponsibility [J]. The Annals of the American Academy of Political and Social Science, 1962, 343 (1): 65-74.

[25] LANGE D, WASHBURN N T. Understanding attributions of corporate social irresponsibility [J]. Academy of Management Review, 2012, 37 (2): 300-326.

[26] PRICE J M, SUN W. Doing good and doing bad: The impact of corporate social responsibility and irresponsibility on firm performance [J]. Journal of Business Research, 2017 (11): 82-97.

[27] TAYLOR S E. Asymmetrical effects of positive and negative events: The mobilization-minimization hypothesis [J]. Psychological Bulletin, 1991, 110 (1): 67-85.

[28] WANG S, HEALY J, GAO Y. Demystifying corporate social behaviors: Understanding corporate social irresponsibility through the lens of corporate social responsibility [EB/OL]. [2024-10-20]. https://www.researchgate.net/publication/374440512_.

[29] LUQUE A, HERRERO-GARCÍA N. How corporate social (ir) responsibility in the textile sector is defined, and its impact on ethical sustainability: An analysis of 133 concepts [J]. Corporate Social Responsibility and Environmental Management, 2019, 26 (6): 1285-1306.

[30] LENZ I, WETZEL H A, HAMMERSCHMIDT M. Can doing good lead to doing poorly? Firm value implications of CSR in the face of CSI [J]. Journal of the Academy of Mar-

keting Science, 2017, 45 (4): 1-21.

[31] WAGNER T, BICEN P, HALL Z. The dark side of retailing: Toward a scale of corporate social irresponsibility [J]. International Journal of Retail & Distribution Management, 2008, 36 (2): 124-142.

[32] SCHEIDLER S, EDINGER - SCHONS L M. Partners in crime? The impact of consumers' culpability for corporate social irresponsibility on their boycott attitude [J]. Journal of Business Research, 2020 (109): 607-620.

[33] 王仙雅, 毛文娟. 消费者对企业社会责任缺失行为的感知: 消费者归因和期望的影响 [J]. 北京理工大学学报 (社会科学版), 2015, 17 (6): 74-80.

[34] ANTONETTI P, MAKLAN S. Concerned protesters: From compassion to retaliation [J]. European Journal of Marketing, 2017, 51 (5/6): 983-1010.

[35] KIM S, CHOI S M. Congruence effects in post - crisis CSR communication: The mediating role of attribution of corporate motives [J]. Journal of Business Ethics, 2016 (153): 447-463.

[36] ANTONETTI P, MAKLAN S. An extended model of moral outrage at corporate social irresponsibility [J]. Journal of Business Ethics, 2016, 135 (3), 429-444.

[37] ANTONETTI P, MAKLAN S. Identity bias in negative word of mouth following irresponsible corporate behavior: A research model and moderating effects [J]. Journal of Business Ethics, 2018 (149): 1005-1023.

[38] FERREIRA A I, RIBEIRO I. Are you willing to pay the price? The impact of corporate social (ir) responsibility on consumer behavior towards national and foreign brands [J]. Journal of Consumer Behaviour, 2017, 16 (1): 63-71.

[39] SURROCA J, TRIBÓ J A, ZAHRA S A. Stakeholder pressure on MNEs and the transfer of socially irresponsible practices to subsidiaries [J]. Academy of Management Journal, 2013, 56 (2): 549-572.

[40] XIE C, BAGOZZI R P. Consumer responses to corporate social irresponsibility: The role of moral emotions, evaluations, and social cognitions [J]. Psychology & Marketing, 2019, 36 (6): 565-586.

[41] ANTONETTI P, MAKLAN S. Social identification and corporate irresponsibility: A model of stakeholder punitive intentions [J]. British Journal of Management, 2016,

27 (3): 583-605.

[42] ANTONETTI P, ANESA M. Consumer reactions to corporate tax strategies: The role of political ideology [J]. Journal of Business Research, 2017, 74 (5): 1-10.

[43] BRUNK K H, DE BOER C. How do consumers reconcile positive and negative CSR-related information to form an ethical brand perception? A mixed method inquiry [J]. Journal of Business Ethics, 2018 (161): 443-458.

[44] CARVALHO S W, MURALIDHARAN E, BAPUJI H. Corporate social "irresponsibility": Are consumers' biases in attribution of blame helping companies in product-harm crises involving hybrid products? [J]. Journal of Business Ethics, 2015 (130): 651-663.

[45] GRAPPI S, ROMANI S, BAGOZZI R P. Consumer response to corporate irresponsible behavior: Moral emotions and virtues [J]. Journal of Business Research, 2013, 66 (10): 1814-1821.

[46] INSCH A, BLACK T. Does corporate social responsibility cushion unethical brand behavior? Insights from chocolate confectionery [J]. Journal of Public Affairs, 2018, 18 (3): 1-11.

[47] AMUJO O C, LANINHUN B A, OTUBANJO O, et al. Impact of corporate social irresponsibility on the corporate image and reputation of multinational oil corporations in Nigeria [C] //TENCH R, SUN W, JONES B. Corporate social irresponsibility: A challenging concept (critical studies on corporate responsibility, governance and sustainability, vol. 4, 2012: 263-293). Lead: Emerald Group Publishing Limited, 2012.

[48] KELLEY H H. The processes of causal attribution [J]. American Psychologist, 1973, 28 (2): 107-128.

[49] BEM D J. Self-perception theory [C] //In Advances in experimental social psychology. Academic Press, 1972 (6): 1-62.

[50] HAMILTON V L. Intuitive psychologist or intuitive lawyer? Alternative models of the attribution process [J]. Journal of Personality and Social Psychology, 1980 (39): 767-772.

[51] WEINER B. An attributional theory of achievement motivation and emotion [J]. Psychology Review, 1985 (92): 548-573.

[52] TANG Y, QIAN C L, CHEN G L, et al. How CEO hubris affects corporate social (ir)

[53] HOFFMANN S. Home country bias in consumers' moral obligation to boycott offshoring companies [J]. Journal of Marketing Theory and Practice, 2013, 21 (4): 371-388.

[54] WAN L C, WYER R S. The influence of incidental similarity on observers' causal attributions and reactions to a service failure [J]. Journal of Consumer Research, 2019, 45 (6): 1350-1368.

[55] 刘凤军, 孟陆, 杨强, 等. 责任归因视角下事前补救类型与顾客参与程度相匹配对服务补救绩效的影响 [J]. 南开管理评论, 2019, 22 (2): 197-210.

[56] KHAMITOV M, GRÉGOIRE Y, SURI A. A systematic review of brand transgression, service failure recovery and product-harm crisis: Integration and guiding insights [J]. Journal of the Academy of Marketing Science, 2020 (48): 519-542.

[57] FOLKES V S. Consumer reactions to product failure: An attributional approach [J]. Journal of Consumer Research, 1984, 10 (4): 398-409.

[58] KLEIN J, DAWAR N. Corporate social responsibility and consumers' attributions and brand evaluations in a product-harm crisis [J]. International Journal of Research in Marketing, 2004, 21 (3): 203-217.

[59] MAZZEI M J, GANGLOFF A K, SHOOK C L. Examining multi-level effects on corporate social responsibility and irresponsibility [J]. Management & Marketing, 2015, 10 (3): 163-184.

[60] BAUCUS M S, NEAR J P. Can illegal corporate behavior be predicted? An event history analysis [J]. Academy of Management Journal, 1991, 34 (1): 9-36.

[61] 杨春方. 中小企业社会责任缺失的非道德解读: 资源基础与背景依赖的视角 [J]. 江西财经大学学报, 2015 (1): 32-42.

[62] LIU A X, LIU Y, LUO T. What drives a firm's choice of product recall remedy the impact of remedy cost, product hazard, and the CEO [J]. Journal of Marketing, 2016, 80 (3): 79-95.

[63] JAIN T, ZAMAN R. When boards matter: The case of corporate social irresponsibility [J]. British Journal of Management, 2020, 31 (2): 365-386.

[64] WEBSTER JR F E. Determining the characteristics of the socially conscious consumer [J]. Journal of Consumer Research, 1975, 2 (3): 188-196.

[65] ANTIL J H. Socially responsible consumers: Profile and implications for public policy [J]. Journal of Macromarketing, 1984, 4 (2): 18-39.

[66] ROBERTS J A. Profiling levels of socially responsible consumer behavior: A cluster analytic approach and its implications for marketing [J]. Journal of Marketing Theory & Practice, 1995, 3 (4): 97-117.

[67] SHAW D, CLARKE I. Belief formation in ethical consumer groups: An exploratory study [J]. Marketing Intelligence & Planning, 1999, 17 (2): 109-120.

[68] 阎俊, 佘秋玲. 社会责任消费行为量表研究 [J]. 管理科学, 2009 (2): 73-82.

[69] MOHR L A, WEBB D J, HARRIS K E. Do consumers expect companies to be socially responsible? The impact of corporate social responsibility on buying behavior [J]. Journal of Consumer Affairs, 2001 (35): 45-72.

[70] SCHLAILE M P, KLEIN K, BÖCK W. From bounded morality to consumer social responsibility: A transdisciplinary approach to socially responsible consumption and its obstacles [J]. Journal of Business Ethics, 2018, 149 (3): 561-588.

[71] WEBB D J, MOHR L A, HARRIS K E. A re-examination of socially responsible consumption and its measurement [J]. Journal of Business Research, 2008, 61 (2): 91-98.

[72] VILLA CASTAÑO L E, PERDOMO-ORTIZ J, DUEÑAS OCAMPO S, et al. Socially responsible consumption: An application in Colombia [J]. Business Ethics: A European Review, 2016, 25 (4): 460-481.

[73] PEPPER M, JACKSON T, UZZELL D. An examination of Christianity and socially conscious and frugal consumer behaviors [J]. Environment and Behavior, 2011, 43 (2): 274-290.

[74] 王晓东, 谢莉娟. 责任消费与企业社会责任的互动影响机制: 理论回顾、逻辑比较及路径选择 [J]. 商业经济与管理, 2009 (10): 12-16.

[75] 许英杰, 张蒽, 刘子飞. 中国消费者责任消费指数研究: 以中国六个主要城市为样本 [J]. 中国经济问题, 2015 (4): 73-85.

[76] 王财玉, 雷雳. 社会责任消费的结构、形成机制及企业响应 [J]. 心理科学进展, 2015, 23 (7): 1245-1257.

[77] 王仙雅, 毛文娟. 群体性食品安全责任缺失的形成机制研究 [J]. 大连理工大学

学报（社会科学版），2016，37（1）：90-96.

[78] 徐立成，周立. 食品安全威胁下"有组织的不负责任"：消费者行为分析与"一家两制"调查[J]. 中国农业大学学报（社会科学版），2014，31（2）：124-135.

[79] KIM S, KRISHNA A, DHANESH G. Economics or ethics? Exploring the role of CSR expectations in explaining consumers' perceptions, motivations, and active communication behaviors about corporate misconduct [J]. Public Relations Review, 2019 (45): 76-87.

[80] 熊国保，姜曼. 旅游企业社会责任缺失及对策[J]. 江西社会科学，2013（12）：202-205.

[81] 代文彬，慕静，周欢. 中国城市食品消费者的社会责任消费：消费者权力的视角[J]. 商业研究，2019（2）：10-17.

[82] FOMBELLE P W, VOORHEES C M, JENKINS M R, et al. Customer deviance: A framework, prevention strategies, and opportunities for future research [J]. Journal of Business Research, 2020 (116): 387-400.

[83] UCAR E, STAER A. Local corruption and corporate social responsibility [J]. Journal of Business Research, 2020 (116): 266-282.

[84] GODFREY P C, MERRILL C B, HANSEN J M. The relationship between corporate social responsibility and shareholder value: An empirical test of the risk management hypothesis [J]. Strategic Management Journal, 2009, 30 (4): 425-445.

[85] OH H, BAE J, KIM S J. Can sinful firms benefit from advertising their CSR efforts? Adverse effect of advertising sinful firms' CSR engagements on firm performance [J]. Journal of Business Ethics, 2017, 143 (4): 643-663.

[86] JIN Y, CHENG C, ZENG H. Is evil rewarded with evil? The market penalty effect of corporate environmentally irresponsible events [J]. Business Strategy and the Environment, 2020, 29 (3): 846-871.

[87] SUN W, DING Z. Is doing bad always punished? A moderated longitudinal analysis on corporate social irresponsibility and firm value [J]. Business & Society, 2020, 60 (7): 1811-1848.

[88] 胡俊南，王宏辉. 重污染企业环境责任履行与缺失的经济效应对比分析[J]. 南京审计学院学报，2019（6）：91-100.

[89] GROENING C, MITTAL V, ZHANG Y. Cross-validation of customer and employee signals and firm valuation [J]. Journal of Marketing Research, 2016, 53 (1): 61-76.

[90] 费显政, 李陈微, 周舒华. 一损俱损还是因祸得福：企业社会责任声誉溢出效应研究 [J]. 管理世界, 2010 (4): 74-82, 98.

[91] KANG E. Director interlocks and spillover effects of reputational penalties from financial reporting fraud [J]. Academy of Management Journal, 2008, 51 (3): 537-555.

[92] XU A J, LOI R, NGO H. Ethical leadership behavior and employee justice perceptions: The mediating role of trust in organization [J]. Journal of Business Ethics, 2016, 134 (3): 493-504.

[93] CHIU S, SHARFMAN M. Corporate social irresponsibility and executive succession: An empirical examination [J]. Journal of Business Ethics, 2018 (149): 707-723.

[94] CORCIOLANI M, NIERI F, TUAN A. Does involvement in corporate social irresponsibility affect the linguistic features of corporate social responsibility reports? [J]. Corporate Social Responsibility and Environmental Management, 2020, 27 (2): 670-680.

[95] KÖLBEL J F, BUSCH T, JANCSO L M. How media coverage of corporate social irresponsibility increases financial risk [J]. Strategic Management Journal, 2017, 38 (11): 2266-2284.

[96] GIEBELHAUSEN M, CHUN H H, CRONIN JR J J, et al. Adjusting the warm-glow thermostat: How incentivizing participation in voluntary green programs moderates their impact on service satisfaction [J]. Journal of Marketing, 2016, 80 (4): 56-71.

[97] ARLI D, GRACE A, PALMER J, et al. Investigating the direct and indirect effects of corporate hypocrisy and perceived corporate reputation on consumers' attitudes toward the company [J]. Journal of Retailing and Consumer Services, 2017 (37): 139-145.

[98] SWEETIN V H, KNOWLES L L, SUMMEY J H, et al. Willingness-to-punish the corporate brand for corporate social irresponsibility [J]. Journal of Business Research, 2013, 66 (10): 1822-1830.

[99] ANDERSCH H, LINDENMEIER J, LIBERATORE F, et al. Resistance against corporate misconduct: An analysis of ethical ideologies' direct and moderating effects on different forms of active rebellion [J]. Journal of Business Economics, 2018 (88): 695-730.

[100] VANHAMME J, SWAEN V, BERENS G, et al. Playing with fire: Aggravating and buffering effects of ex ante CSR communication campaigns for companies facing allegations of social irresponsibility [J]. Marketing Letters, 2015 (26): 565-578.

[101] SCHELLEKENS G A C, VERLEGH P W J, SMIDTS A. Language abstraction in word of mouth [J]. Journal of Consumer Research, 2010, 37 (2): 207-223.

[102] SEN S, GURHAN-CANLI Z, MORWITZ V. Withholding consumption: A social dilemma perspective on consumer boycotts [J]. Journal of Consumer Research, 2001, 28 (3): 399-417.

[103] AGUS HARJOTO M, SALAS J. Strategic and institutional sustainability: Corporate social responsibility, brand value, and interbrand listing [J]. Journal of Product & Brand Management, 2017, 26 (6): 545-558.

[104] LIN H, ZENG S, WANG L, et al. How does environmental irresponsibility impair corporate reputation? A multi-method investigation [J]. Corporate Social Responsibility and Environmental Management, 2016 (23): 413-423.

[105] XIE C, BAGOZZI R P, GRØNHAUG K. The role of moral emotions and individual differences in consumer responses to corporate green and non-green actions [J]. Journal of the Academy of Marketing Science, 2015, 43 (3): 333-356.

[106] DAVIES G, OLMEDO-CIFUENTES I. Corporate misconduct and the loss of trust [J]. European Journal of Marketing, 2016, 50: 1426-1447.

[107] HUMPHREYS A, THOMPSON C J. Branding disaster: Reestablishing trust through the ideological containment of systemic risk anxieties [J]. Journal of Consumer Research, 2014 (41): 877-910.

[108] LEONIDOU L C, KVASOVA O, LEONIDOU C N, et al. Business unethicality as an impediment to consumer trust: The moderating role of demographic and cultural characteristics [J]. Journal of Business Ethics, 2013, 112 (3): 397-415.

[109] NIU G, YU L, FAN G Z, et al. Corporate fraud, risk avoidance, and housing investment in China [J]. Emerging Markets Review, 2019 (39): 18-33.

[110] YUE C A, TAO W, FERGUSON M A. The joint effect of corporate social irresponsibility and social responsibility on consumer outcomes [J]. European Management Journal, 2023, 41 (5): 744-754.

[111] ROMANI S, GRAPPI S, BAGOZZI R P. My anger is your gain, my contempt your loss: Explaining consumer responses to corporate wrongdoing [J]. Psychology and Marketing, 2013, 30 (12): 1029-1042.

[112] 郑海东, 赵丹丹, 张音, 等. 企业社会责任缺失行为公众反应的案例研究 [J]. 管理学报, 2017, 14 (12): 1747-1756.

[113] 肖红军, 李平. 平台型企业社会责任的生态化治理 [J]. 管理世界, 2019 (4): 120-144.

[114] 徐莉萍, 刘雅洁, 张淑霞. 企业社会责任及其缺失对债券融资成本的影响 [J]. 华东经济管理, 2020, 34 (1): 101-112.

[115] 左伟, 谢丽思. 食品企业社会责任缺失行为与消费者惩罚意愿 [J]. 华南农业大学学报 (社会科学版), 2022, 21 (2): 110-120.

[116] 张宏, 王宇婷. 企业社会责任缺失情境下修复策略对消费者品牌信任变化的影响 [J]. 管理学报, 2022, 19 (7): 1056-1063.

[117] 朱文忠, 傅琼芳, 纪晓夏. 双边市场中卖家社会责任缺失对平台企业顾客忠诚的影响 [J]. 管理评论, 2022, 34 (7): 189-197.

[118] TANGNEY J P, STUEWIG J, MASHEK D J. Moral emotions and moral behavior [J]. Annual Review of Psychology, 2007 (58): 345-372.

[119] GREENBAUM R L, BONNER J M, GRAY T W, et al. Moral emotions: A review and research agenda for management scholarship [J]. Journal of Organizational Behavior, 2019 (141): 95-114.

[120] HAIDT J. The moral emotions [C] //DAVIDSON R J, SCHERER K R, GOLDSMITH H H. Handbook of affective sciences. Oxford: Oxford University Press, 2003: 852-870.

[121] RUDOLPH U, TSCHARAKTSCHIEW N. An attributional analysis of moral emotions: Naïve scientists and everyday judges [J]. Emotion Review, 2014, 6 (4): 344-352.

[122] TREVIÑO L K, WEAVER G R, REYNOLDS S J. Behavioral ethics in organizations: A review [J]. Journal of Management, 2006, 32 (6): 951-990.

[123] BARTLETT M Y, DESTENO D. Gratitude and prosocial behavior: Helping when it costs you [J]. Psychological Science, 2006, 17 (4): 319-325.

［124］SCHNALL S, ROPER J, FESSLER D M T. Elevation leads to altruistic behavior [J]. Psychological Science, 2010, 21 (3): 315 – 320.

［125］HUTCHERSON C A, GROSS J J. The moral emotions: A social – functionalist account of anger, disgust, and contempt [J]. Journal of personality and social psychology, 2011, 100 (4): 719 – 737.

［126］MEYER F, HUBER F, HUBER S. The suffering company: Consumer compassion towards companies exposed to negative events [J]. Psychology & Marketing, 2019, 36: 321 – 341.

［127］HUBER F, MEYER F, VOGEL J, et al. Corporate social performance as antecedent of consumer's brand perception [J]. Journal of Brand Management, 2011 (19): 228 – 240.

［128］HIGGINS E T. Self – discrepancy: A theory relating self and affect [J]. Psychological Review, 1987, 94 (3): 319 – 340.

［129］LIU P, XIAO C, HE J, et al. Experienced workplace incivility, anger, guilt, and family satisfaction: The double – edged effect of narcissism [J]. Personality and Individual Differences, 2020 (154): 109642.

［130］MOREO A, CAIN L, CHANG W. Antecedents and consequences of anger among restaurant employees [J]. Journal of Hospitality and Tourism Management, 2020 (45): 37 – 47.

［131］RAI T S, DIERMEIER D. Corporations are cyborgs: Organizations elicit anger but not sympathy when they can think but cannot feel [J]. Organizational Behavior and Human Decision Processes, 2015 (126): 18 – 26.

［132］HERSHCOVIS M S, BHATNAGAR N. When fellow customers behave badly: Witness reaction to employee mistreatment by customers [J]. Journal of Applied Psychology, 2017, 102 (11): 1528 – 1544.

［133］RUSSELL J A. Culture and the categorization of emotions [J]. Psychological Bulletin, 1991 (110): 426 – 450.

［134］FORD M T, AGOSTA J P, HUANG J, et al. Moral emotions towards others at work and implications for employee behavior: A qualitative analysis using critical incidents [J]. Journal of Business and Psychology, 2018, 33 (1): 155 – 190.

[135] GRÉGOIRE Y, LAUFER D, TRIPP T M. A comprehensive model of customer direct and indirect revenge: Understanding the effects of perceived greed and customer power [J]. Journal of the Academy of Marketing Science, 2010, 38 (6): 738-758.

[136] ANTONETTI P, CRISAFULLI B, KATSIKEAS C S. Does it really hurt? Making sense of varieties of anger [J]. Psychology & Marketing, 2020, 37 (11): 1465-1483.

[137] VAN DOORN J, ZEELENBERG M, BREUGELMANS S M. Anger and prosocial behavior [J]. Emotion Review, 2014, 6 (3): 261-268.

[138] VAN DOORN J, ZEELENBERG M, BREUGELMANS S M, et al. Prosocial consequences of third-party anger [J]. Theory and Decision, 2018, 84 (4): 585-599.

[139] LAZARUS R S. Progress on a cognitive-motivational-relational theory of emotion [J]. American Psychologist, 1991, 46 (8): 819-834.

[140] BAUMEISTER R F, STILLWELL A M, HEATHERTON T F. Guilt: An interpersonal approach [J]. Psychological Bulletin, 1994, 115 (2): 243-267.

[141] XU H, BÈGUE L, BUSHMAN B. Washing the guilt away: Effects of personal versus vicarious cleansing on guilty feelings and prosocial behavior [J]. Frontiers in Human Neuroscience, 2014 (8): 1-5.

[142] ILIES R, PENG A C, SAVANI K, et al. Guilty and helpful: An emotion-based reparatory model of voluntary work behavior [J]. Journal of Applied Psychology, 2013, 98 (6): 1-9.

[143] TRAUTWEIN S, LINDENMEIER J. The effect of affective response to corporate social irresponsibility on consumer resistance behaviour: Validation of a dual-channel model [J]. Journal of Marketing Management, 2019 (35): 253-276.

[144] 张爱卿, 高应蓓. 基于 CiteSpace 的国内外企业社会责任缺失研究可视化对比分析 [J]. 中央财经大学学报, 2020 (6): 91-104.

[145] 李萍. 论道德认同的实质及其意义 [J]. 湖南师范大学社会科学学报, 2019, 48 (1): 57-63.

[146] AQUINO K, REED A. The self-importance of moral identity [J]. Journal of Personality and Social Psychology, 2002 (83): 1423-1440.

[147] KRETTENAUER T, MURUA L A, JIA F. Age-related differences in moral identity

across adulthood [J]. Developmental Psychology, 2016, 52 (6): 972 – 984.

[148] WANG G, HACKETT R D. Virtues – centered moral identity: An identity – based explanation of the functioning of virtuous leadership [J/OL]. The Leadership Quarterly. [2023 – 12 – 16]. https: //doi.org/10.1016/j.leaqua.2020:101421.

[149] JENNINGS P L, MITCHELL M S, HANNAH S T. The moral self: A review and integration of the literature [J]. Journal of Organizational Behavior, 2015 (36): S104 – S168.

[150] LEFEBVRE J P, KRETTENAUER T. Linking moral identity with moral emotions: A meta – analysis [J]. Review of General Psychology, 2019, 23 (4): 444 – 457.

[151] ERKUTLU H, CHAFRA J. Leader's integrity and interpersonal deviance: The mediating role of moral efficacy and the moderating role of moral identity [J]. International Journal of Emerging Markets, 2020, 15 (3): 611 – 627.

[152] HERTZ S G, KRETTENAUER T. Does moral identity effectively predict moral behavior: A meta – analysis [J]. Review of General Psychology, 2016, 20 (2): 129 – 140.

[153] O'REILLY J, AQUINO K, SKARLICKI D. The lives of others: Third parties' responses to others' injustice [J]. Journal of Applied Psychology, 2016, 101 (2): 171 – 189.

[154] 张婷, 周延风. 消费者视角下企业社会责任缺失研究综述 [J]. 管理学季刊, 2020 (2): 117 – 137.

[155] ZHONG C B, LILJENQUIST K, CAIN D M. Moral self – regulation: Licensing and compensation [C] //DE CREMER D, et al. Psychological perspectives on ethical behavior and decision making. Charlotte, NC: Information Age, 2009: 75 – 89.

[156] SACHDEVA S, ILIEV R, MEDIN D L. Sinning saints and saintly sinners the paradox of moral self – regulation [J]. Psychological Science, 2009, 20 (4): 523 – 528.

[157] WEST C, ZHONG C B. Moral cleansing [J]. Current Opinion in Psychology, 2015 (6): 221 – 225.

[158] ZHONG C B, KU G, LOUNT R B, et al. Compensatory ethics [J]. Journal of Business Ethics, 2010 (92): 323 – 339.

[159] ORMISTON M E, WONG E M. License to Ill: The effects of corporate social respon-

sibility and CEO moral identity on corporate social irresponsibility [J]. Personnel Psychology, 2013, 66 (4): 861-893.

[160] WANG Y, CHENEY G, ROPER J. Virtue ethics and the practice - institution schema: An ethical case of excellent business practices [J]. Journal of Business Ethics, 2016, 138 (1): 67-77.

[161] TSARENKO Y, TOJIB D. Consumers' forgiveness after brand transgression: The effect of the firm's corporate social responsibility and response [J]. Journal of Marketing Managment, 2015 (31): 1851-1877.

第三章

道德决策模型与企业社会责任缺失研究框架

在上一章企业社会责任缺失概述部分，本书回顾了企业社会责任缺失的定义及分类，对企业社会责任缺失归因中的企业失责和消费者失责、企业社会责任缺失对消费者响应的影响及其作用机制和作用条件的研究现状进行了梳理，从而呈现出企业社会责任缺失的理论发展情况。这一部分的文献梳理明确了企业社会责任缺失现有研究存在的不足，亦为本书研究模型的构建奠定了基础。

现有文献提出，可以从道德规范的视角进行企业社会责任缺失研究，借鉴学者们广泛认可的道德决策模型（Ethical Decision-making Model）构建消费者响应企业社会责任缺失的整合研究框架[1]。因此，本章简要介绍道德决策模型的构成要素以及如何在它的内在逻辑指导下构建本书的研究框架。

第一节　道德决策模型

道德决策是指能够为大多数人在法律上和道德上所接受的决策。道德决策模型的形成和发展经历了不同的阶段，分为理性主导（Rationalist Approaches）和感性主导（Intuitionist Approaches）两种决策过程。

理性决策过程表明在经历伦理困境时，决策者试图通过一个富有逻辑的、理性的、深思熟虑的认知过程来解决冲突，并在决策中考虑和权衡各种可能相互冲突的道德标准，其强调决策者解决道德困境过程中使用理性认知[2]。文献中最早的道德决策模型是个体道德决策的四元素模型，该模型表明道德决策是道德主体识别道德问题、做出道德判断、形成道德行为倾向、实施道德行为的过程[3]。亨特和维泰尔（Hunt and Vitell）构建了包含环境（含文化、行业、组织、个人环境）、道德问题感知、道德判断、

87

道德意愿和道德行为的营销伦理模型[4]，琼斯（Jones）在该模型的基础上提出了道德事件特征（道德强度，Moral Intensity）对模型中各变量的影响，从而形成了事件—权变模型（An Issue - contingent Model）[3]。其中，道德强度包含五个要素，分别是道德事件后果严重性，社会关于事件善恶达成的共识，事件发生或产生影响的可能性，时效性，感知的与受事件影响者的社会/文化/心理等距离。此后，麦克莱恩和基南（Mclain and Keenan, 1999）提出了认知（Awareness）、判断（Judgment）、响应（Response）三阶段责任缺失行为（Wrongdoing）反应模型，具体行为包括不道德行为、违法行为、违反组织原则和标准的行为，并表明当个体发现组织的责任缺失行为时，会先对行为的严重性进行判断，然后做出积极参与或不行动等行为选择[5]。

感性主导的决策过程则强调要在道德决策过程中重视道德情感的重要作用[6-7]，一个人的感觉和直觉常常决定着其道德决策[8]。施瓦茨（Schwartz）在现有道德决策模型的基础上，融合理性和理性决策过程，提出了整合道德决策模型（Integrated Ethical Decision Making Model，I - EDM）[2]，描述了人们面对道德事件时，会经历对道德事件的道德认知→道德情感→道德意愿→真实行为的过程，而这个决策过程受个体因素（道德能力——道德品质倾向，是个体在面对道德困境时坚守道德观、做出道德行为的能力，Moral Capacity）和情境因素（事件、组织环境和个人现状）的调节，而道德认同是道德能力的一种表现。

学者们对道德决策模型各个过程的内涵和关系形成了一致的看法。具体而言，道德认知是个体意识到面临着道德问题，需要做出决策或行动。其在对道德问题认知以后，会进入道德判断和道德意愿阶段，道德判断是考虑在备选决策或行动中选择最合乎道德的做法；道德意愿则被定义为根据个人的道德价值观采取行动的承诺或动机。道德情感是道德判断和道德意愿的一部分，是个体面对道德情境或困境时的第一个反应[9]，道德情感会进一步引发道德意愿，进而促使人们做出道德行为。

根据整合道德决策模型的内在逻辑，本书研究认为，在企业社会责任缺失情境下，消费者所面临的企业社会责任缺失事件可以被视为一个道德事件，消费者对企业社会责任缺失事件的归因是道德认知过程，对企业社会责任缺失事件的归因会产生道德情感，进而引发消费者响应意愿（道德意愿），而作为个体特征的道德认同具有调节作用。因此，本书构建了 CSI 归因—消费者道德情感—消费者响应意愿以及道德认同调节作用的 CSI 归因与消费者响应意愿的影响关系模型。接下来，本书将对变量间的关系进行讨论，并由此提出研究假设。

第二节 CSI 归因中的企业失责与消费者惩罚意愿

消费者在面对企业社会责任缺失事件时，会对事件责任人进行判断。失责归因是消费者解释事件产生的原因并判定事件责任方的过程。现有企业社会责任缺失研究常用归因理论解释企业社会责任缺失发生的原因[10]。学者们多从引发事件的源头（内部还是外部）、稳定性（偶然的还是定期的）、可控性（是否可控）三个要素对事件进行归因。因而，企业社会责任缺失的源头、企业社会责任缺失的稳定性及可控性是消费者对企业社会责任缺失进行归因的判断依据。

如果企业社会责任缺失是由企业内部因素导致的，例如，企业管理者道德水平低下、企业以追逐利益为导向，则消费者会认为企业应该为其企业社会责任缺失承担更多的责任。如果企业能够控制或阻止企业社会责任缺失的发生，则消费者感知的企业对企业社会责任缺失的可控性高，企业社会责任缺失的发生会让消费者更倾向于认为是企业过错导致企业社会责任缺失的发生[10-11]。稳定性的高低是指企业社会责任缺失的发生是高频率事件还是个别突发事件。如果企业经常发生类似的企业社会责任缺失事件，则消费者很难认为企业的企业社会责任缺失事件是个案[12]，从而更容易认为企业应该承担企业社会责任缺失的责任。

现有企业社会责任缺失研究中提及的企业社会责任缺失大多为企业过错导致，如企业的腐败[13]、利益导向、追求冒险的企业文化、企业领导者不负责任的行为[14]等。相反，如果企业采用特定的董事会治理模式（更大、更独立的董事会，增加了女性董事的比例），则会减少企业责任缺失行为的数量[15]。因此，现有企业社会责任缺失研究结论为构建CSI归因中的企业失责与消费者响应意愿的关系提供了充分的依据。

企业社会责任缺失感知可能会促使消费者产生负面的消费者响应意愿。这种可能性已经被学者们证实，例如，企业社会责任缺失会降低消费者的购买意愿和支付意愿[10][16]、加剧消费者传播企业的负面口碑[17]。由于消费者常常通过诸如抵制等方式来惩罚企业社会责任缺失[17-19]，因此本书主要关注消费者对社会责任缺失企业的惩罚意愿。

企业侵犯个人、环境、社会关系或机构权益的行为（如侵犯人权、破坏环境）会给他人带来伤害，消费者会采取一定的行为来回应企业的这种有害行为，而惩罚行为是消费者常用的一种应对企业有害行为的方式。本书中消费者惩罚意愿（Inclination-to-punish）意指消费者因感知企业的行为未支持其所有权（Empowerment）而采取消极行动惩罚企业的动机状态[20]，消费者可以通过示威、邮件活动（E-mail Campaigns），短暂地抵制、传播企业或其产品的负面口碑[21]、与企业保持距离（如停止使用企业产品或转向竞争产品）等方式对企业进行惩罚。

CSI归因中的企业失责会引发消费者的惩罚意愿。斯威汀等（Sweetin, et al., 2013）通过实证研究证实了企业社会责任缺失会增加消费者的惩罚意愿[20]。此外，罗玛尼、格拉皮和巴戈齐（Romani, Grappi and Bagozzi, 2013）发现，企业做错事会使消费者产生破坏性惩罚意愿（即消费者怀疑企业或做出危害企业的行为，最终与企业断绝关系）[21]，加之消费者存在自利偏差（A Self-serving Bias），倾向于把更多正面结果而不是负面后果的责任归咎于自己，甚至当消费者和企业犯了同样的错误时，人们对企业的评判更为苛刻，即人们会在一定程度上对消费者的行为进行合理化辩解，而为企业辩解的可能性相对更低[22]。因此，基于自利偏差、消费者在评价自身的责任和企业责任时会采用双重标准，消费者对企业社会责任缺失会产生惩罚意愿。本书认为 CSI 归因中的企业失责越强，对企业产生惩罚意愿的可能性越高。因此，本书假设：

H1：CSI 归因中的企业失责越高，则消费者对企业的惩罚意愿越强。

第三节　CSI 归因中的消费者失责与消费者弥补意愿

沙伊德勒和埃丁格尔－肖恩斯（Scheidler and Edinger-Schons，2020）发现消费者认为企业社会责任缺失事件源于企业内部，企业本可以控制企业社会责任缺失事件的发生，消费者对企业社会责任缺失事件归因时会认为自身所应承担的责任较小[23]；如果企业经常发生企业社会责任缺失事件，消费者却未能发现、未能进行阻止，则消费者会认为自身有较大的失责。实际上，也确实有一些企业社会责任缺失事件的发生，跟消费者有一定的关系。例如，现实生活中，如果消费者减少动物制品（如象牙制品、昂贵皮毛制品）的消费，就会减少受虐待的动物数量，动物福利就会有一定的提升；如果消费者对缺乏责任的企业多一些监督、少一些宽容，那么企业迫于消费者的压力可能会减少对动物的伤害。因此，本书认为，与消费者不良需求或需要及消费者参与等密切相关的企业社会责任缺失存在着消费者失责。

布里格登和豪布尔（Brigden and Häubl，2020）构建并检验了消费者不作为陷阱理论（A Theory of Consumer Inaction Traps）[24]。该理论指出，在产品故障情境下，产品故障越轻微，消费者越倾向于推迟原本要采取的纠正举措。随着不断的延迟，消费者纠正举措会越来越贬值。这使消费者陷入一种不作为的状态。产品故障让消费者在整个消费体验中的愉悦感更低，并且对企业和品牌造成更严重的不利影响。产品故障是企业社会责任缺失的表现形式之一。依据消费者不作为陷阱理论，消费者在产品故障中的不作为是消费者消费愉悦感体验降低的原因之一。例如，在日常生活中，有的消费者在买到假冒伪劣产品或者遭遇公司不公正对待时，会采取息事宁人的态度，甚至故意追求假冒伪劣产品（如高仿名牌运动鞋、高仿名牌箱包等），知假买假，这也在一定程度上助长了企业的社会责任缺失行为。

自我认知理论表明，个体在一定程度上通过观察自己外在的行为或自身行为发生的环境来认知自己的态度、情感及其他内在状态[25]。因而，一个人的态度和自我形象会受过去的行为和行为环境的影响。研究表明，如果一个人在过去做了亲社会行为，则会促使他/她产生亲社会的态度和自我形象感知，从而在日后的行为表现中继续表现出亲社会行为倾向[26]。如果一个人的行为与自我认知不一致，则其会采取措施来管理这种认知失调[22]。因此，如果消费者是企业社会责任缺失的"帮凶"，这种负面表现对消费者自我认知的一致性产生了消极影响，则有可能引发消费者行为的改变。其中，弥补意愿是自我道德感知受到威胁后，消费者为了修复自我认知（Self-view）而常引发的一种行为倾向[27-28]，包括亲社会行为倾向（如向慈善组织捐赠意愿、志愿服务意愿）[29]、亲环境行为倾向（如关注碳足迹信息）[30]。因此，本书中的消费者弥补意愿意为消费者投入时间、精力、金钱等资源以补偿过往不道德行为的倾向。

研究表明，人们在面临道德选择时，会把自身当前的道德自我感知水平与道德平衡点进行比较，从而做出道德或非道德的行为选择[31]。当以往的道德表现低于道德平衡点，使道德形象受到威胁时，会引起弥补行为以修复道德自我，即道德净化[32]。同样地，个体在违背了他们自身的价值观时，也有可能进行道德净化以重申自己的价值观和忠诚[28]。在道德净化情境下，个人当前的道德状况会受到个人以往不道德行为的影响。这种道德目标和当前道德状况之间的缺口会激发道德情感和道德行为以缩小这种缺口[33]。例如，研究表明当人们回忆以往的不道德行为时，会对亲社会活动表现出高度的热情[34]，如更愿意帮助他人并向慈善组织捐款[35]。关于亲环境行为的研究也表明那些对保护环境态度不太积极的参与者，如果被提醒以前很少有过环保行为，则他们寻求更为环保的信息的可能性会更高[30]。此外，归因还会带来人际的、社会的结果，如感知者的归因可能会影响对消极行为的补救[36]。这些研究表明消费者感知到自己以往的不道德行为后，会产生弥补行为。

消费者在企业社会责任缺失中的助长作用，可以认为是消费者的不道德行为。依据道德净化效应，本书认为在企业社会责任缺失情境下，消费者感知到自己在促成企业社会责任缺失发生中的失责时，会造成个体道德自我感知受到威胁，这种道德形象威胁会引发消费者的弥补行为。因此，本书假设：

H2：CSI 归因中的消费者失责越高，则消费者对企业的弥补意愿越强。

第四节　道德情感在 CSI 归因影响消费者响应意愿中的中介作用

情感是一个反馈系统，其会影响认知过程，进而对决策和行为产生影响。情感对行为的影响既可能是积极的，也可能是消极的，而消极情感会产生消极的评价。归因理论[37-38]及公平和报复的心理机制[39]研究表明，责任归属对形成道德情感反应具有重要作用。这就意味着对事件的归因会引发人们的道德情感。崔和林（Choi and Lin，2009）依据归因理论把道德情感分为归因独立型情感（Attribution Independent Emotions）和归因依赖型情感（Attribution Dependent Emotions）[40]。前者是快速的直觉性情感，包括愤怒、担忧等，后者指的是在事件结果的评价是消极的、意料之外的、重要的情况下，归因过程开始寻找结果产生的原因，从而形成的情感，包括愧疚、同情等。对负面事件的归因与道德情感紧密相连，而道德情感影响人们的道德行为[41]。例如，他人缺乏道德的行为给受影响者造成消极的道德响应，道德情感连接了不道德行为和后续的道德表现[42-43]。韦纳（Weiner，1993）发现愤怒和愧疚在事件责任归属与行为响应（如攻击、给予帮助）间具有中介作用[38]。这些研究呈现了负面事件归因到道德情感再到道德行为的影响关系。因此，可以认为其他主体的不道德行为会引发人们的消极道德情感，进而出现行为响应。由于现有企业社会责任缺失研究重点关注了企业社会责任缺失通过谴责他人道德情感中的愤怒影响消费者的响应，并且当人们不能把自身的行为归咎于外部因素时，愧疚是伴随人们最持久的消极道德情感，所以本书主要关注道德情感中的愤怒和愧疚在 CSI 归因对消费者响应意愿的影响中具有的中介作用。

一、愤怒的中介作用

愤怒的归因前提是将消极的、自我相关的结果或事件归因于他人可控的因素，是一种指向外部的（Outward）情感[37]。作为一种消极效价的情感，愤怒通常是由不公正引起的，它会增加人们的对抗行为，降低消费者对行为的伦理评价。

在企业社会责任缺失情境下，CSI 归因中的企业失责会正向影响消费者愤怒，即当感知到道德原则被违背时消费者会产生道德愤怒。当个体认为自己或者自己关心的人或物遭遇不公平对待时，会产生愤怒，并希望通过补偿受害者或惩罚施暴者以恢复公平和正义[44]。金（Jin，2009）的实验结果表明，当公众自身或公众的福祉受到来自组织的侵害时，公众会产生愤怒[45]。企业在道德上的不端行为很可能引起情感上的反应，从而成为消费者采取行动的动力。随着责任缺失感的增强，愤怒情绪也会增加[46]。此外，情感具有溢出效应，而企业社会责任缺失的责任归因决定了愤怒的溢出效应[47]。企业社会责任缺失不仅是企业违法或违背道德规范的行为，会给其他主体造成伤害,也是危害消费者自身或公众福祉的行为,因此会引发消费者对企业的愤怒。

消费者对责任缺失企业的愤怒会正向影响消费者的惩罚意愿。以往的研究已经构建出消费者愤怒和对企业惩罚意愿之间的关系。例如,愤怒会直接显著地影响对不道德企业的抵制、引起消费者品牌转换[48]、对企业的惩罚行为[47]、服务失败导致的消费者愤怒与消费者惩罚意愿之间存在的正相关关系。另外,徐、罗和舒(Xu,Luo and Hsu,2019)发现员工在工作场所中的愤怒越强,他们在工作中的越轨行为意愿(使用办公电脑做出违反组织规范和安全政策的行为意愿)越高[49]。这些研究发现表明,愤怒会增加消费者惩罚意愿。

其他与企业社会责任缺失有关的研究表明,愤怒在企业社会责任缺失对人们消极响应的影响中具有中介作用。例如,克罗宁、雷森和布兰斯科姆(Cronin,Reysen and Branscombe,2012)发现,愤怒中介企业不法行为对抗议企业意愿的影响[50]。格拉皮、罗玛尼和巴戈齐(Grappi,Romani and Bagozzi,2013)发现企业社会责任缺失越多,则消费者的消极情感(愤怒)越强,这种消极情感会影响消费者负面行为响应(负面口碑和抗议行为)[17]。员工遭受不公正待遇是企业对员工的责任缺失,愤怒会中介该企业社会责任缺失对惩罚企业的影响[51]。所以,结合愤怒的归因前提以及愤怒以后人们的行为倾向,本书认为,在企业社会责任缺失情境下,消费者对企业社会责任缺失的归因中企业失责越强,引发消费者对企业愤怒的可能性越大,进而增加消费者对社会责任缺失的企业做出惩罚行为的可能性。因此,本书假设:

H3:愤怒在 CSI 归因中的企业失责对消费者惩罚意愿的影响中起中介作用,即 CSI 归因中的企业失责通过愤怒对消费者惩罚意愿产生正向影响。

二、愧疚的中介作用

CSI 归因中的消费者失责会正向影响消费者愧疚。人们因违反既定的道德规范或回忆过去的罪过而导致道德自我感知下降或受到威胁时，就会产生负面道德情感。愧疚就是这种负面道德情感之一。它既是行为表现违反道德规范、违反正义原则或违反道德价值观产生的一种情感，是一种伴随着自我责任感、指向内部的（Inward）情感[37]，也是道德失调的消极结果之一[52]。作为自我德性的一部分，愧疚在具有责备个体行为的心理作用的同时还具有修复功能，也是做出道德行为意向的驱动力[53]。另外，希金斯（Higgins, 1987）表明真实自我和现实自我之间存在矛盾，这种矛盾预示了存在消极结果（自我惩罚）的心理状态，当人们认为自己违背了公众所接受的道德准则时，会产生与焦虑有关的情感（Agitation-related Emotions），如愧疚[54]。在某些情境中，当一个人感知到自己负有责任时，会产生愧疚，或者个人所属群体成员的行为对他人造成了伤害时，个人也会产生愧疚，并且个人仅作为旁观者、对受害对象没有提供相应的帮助时，这种不作为也会引发愧疚。因此，消费者意识到自己或所属群体成员在企业社会责任缺失中的责任时，就可能产生愧疚。帕哈利亚（Paharia, 2020）表明定制生产可以增加消费者与生产过程之间的联系，消费者参与生产赋予消费者主动权从而对生产负有一定的直接责任，当人们感知到自己的能动性时，会把结果归因于自己的行为，从而认为应对结果承担责任[55]，因此，消费者参与生产会让消费者产生愧疚，进而减小对具有消极伦理属性产品的购买兴趣。同样，当消费者参与了企业社会责任缺失时，其对企业社会责任缺失带来的消极影响负有直接或间接的责任。由于愧疚在一定程度上与消极结果的自我归因联系紧密，因而，本书认为，感知到企业社会责任缺失中的消费者失责会增大愧疚的可能性。

消费者对企业社会责任缺失造成的消极后果所产生的愧疚会正向影响消费者的弥补意愿。现象学研究表明，愧疚与个体以往违反道德标准、给他人他物造成伤害的行为密切相关[52]。愧疚体现了个人意识到自己的行为在道德上是错误的并为自己的行为承担责任，它使人们产生惩罚自我或补偿的愿望，从而能够帮助人们减少不道德的思考和行为，增加经济决策中的诚实性[56]。有了愧疚以后，人们会倾向于做出忏悔、道歉、修复等弥补行为[52]。已有研究验证了愧疚可以引发补偿行为。例如，陈和莫斯迈耶（Chen and Moosmayer，2020）发现，在中国儒家文化背景下，愧疚激发消费者的伦理消费[57]。因此，本书认为，愧疚会正向影响消费者对企业的弥补意愿。此外，学者们也发现愧疚在以往不道德行为对后续道德行为表现的影响关系中具有中介作用，以往的越轨行为会引发愧疚进而增加补偿行为（捐赠）。丁等（Ding, et al., 2016）发现以往的不道德行为会激发愧疚进而促进后续的亲社会行为（志愿服务）[27]。

所以，基于道德净化效应的理论内涵，以及形成愧疚的自我归因和愧疚后人们弥补行为倾向，本书认为，当消费者在企业社会责任缺失的归因中意识到自己的责任时，这种已发生的过错感知会威胁消费者的道德自我感知，从而促使消费者产生愧疚，进而导致采取弥补意愿的可能性增加。鉴于此，本书假设：

H4：愧疚在CSI归因中的消费者失责对消费者弥补意愿的影响中起中介作用，即CSI归因中的消费者失责通过愧疚对消费者弥补意愿产生正向影响。

第五节　道德认同在CSI归因影响消费者响应意愿中的调节作用

现有文献表明，道德反思（Moral Reflectiveness）[58]、道德个性和道德品质[59]等与消费者道德有关的个体特征影响人们的道德行为。道德认同作为一种消费者个体特征，其对消费者道德表现的影响已经受到了广泛关注。道德认同有内化性和象征性两个维度，高道德认同内化性的消费者经常会想到道德品质、目标、行为，会更多地参与道德活动、考虑他人的需求和福祉；高道德认同象征性的消费者则往往通过行为向外界展示自己的道德特征来获取外界的注意[60]。

不同道德认同的消费者在亲社会行为和响应企业社会责任缺失的表现上存在差异。例如，道德认同象征性高的消费者更愿意在被认可（Recognition）后进行慈善行为，而道德认同内化性高的消费者则不受认可的影响[61]。这说明道德认同象征性高的消费者是在外部因素驱动下，为表现出其高道德水平而进行相应的行为表现，而道德认同内化性高的消费者是基于自身追求高道德自我实现而发自内心地表现出道德行为。本书关注的 CSI 归因中的消费者失责更多与消费者内在的自我感知有关，而且，现有的道德认同研究认为，道德认同的内化性维度能够更好地揭示人们在多大程度上把道德视为自我的一个重要方面，促使大多数与道德认同有关的研究聚焦于道德认同的内化性维度[62]。因此，本书重点关注道德认同的内化性维度对消费者响应企业社会责任缺失的影响。

森、古尔汉－坎利和莫维茨（Sen, Gurhan – Canli and Morwitz, 2001）发现，如果让消费者以满意的产品和服务以及增加的成本为代价来抵制产品生产企业的社会责任缺失行为，则会降低消费者参与抵制的意愿[63]。这意味着消费者对缺乏社会责任的企业进行惩罚需要一定的条件。本书认为，道德认同作为一种消费者道德能力，会影响消费者对企业社会责任缺失的响应。由于通常情况下人们希望维持自我道德的一致性，所以道德认同是道德动机的重要来源。因此，消费者道德认同越高，越可能感知到有义务遵循与自己道德图式一致的行为规范，以避免自我谴责、保持自我形象的一致性[64]。学者们也表明，内化性道德认同越高的人，道德认同的可及性越强、道德认同对道德行为影响的作用越大[65]。阿基诺、麦克费伦和拉文（Aquino, McFerran and Laven, 2011）在其研究中表明，道德认同影响着人们会在多大程度上在需要道德的时候表现出高尚的道德情操，道德认同高的人会表现出更强烈的道德提升，对仁慈持有更积极的观点，更想成为一个更好的人，并且，更可能回忆起道德高尚的行为，而这些情感、观念和表现与亲社会行为呈正相关[66]。因此，道德认同高的人更能够激发高尚的道德情操，做出道德行为。

谢、巴戈齐和格伦豪格（Xie，Bagozzi and Grønhaug，2015）的实证研究表明，道德认同内化性可正向调节企业环境责任缺失对消费者负面口碑、抱怨、抵制行为的作用[64]。另外一项研究发现，道德认同高的消费者对企业社会责任缺失（企业在社区里的不道德经营）产生愤怒的可能性更大、对责任缺失企业的态度更消极[67]。奥赖利、阿基诺和斯卡利茨基（O'Reilly，Aquino and Skarlicki，2016）发现了道德认同在组织不公平对愤怒的影响中具有调节作用，相较于低道德认同，高道德认同正向增强组织不公平对愤怒的影响作用，并且道德认同调节了愤怒在组织不公平对惩罚意愿影响关系中的中介作用，对道德认同高者来说，这种中介作用更大[51]。此外，特劳特温和林登迈尔（Trautwein and Lindenmeier，2019）发现，消费者对企业社会责任缺失的情感响应直接并显著地影响着消费者对企业的消极行为响应，道德产品偏好高的消费者，其企业社会责任缺失情感响应对抵制意愿和抗议意愿有更强的作用[68]。这些研究说明，消费者在多大程度上对社会责任缺失的企业产生愤怒受到消费者道德认同高低的影响，且与消费者维持自我道德一致性意愿的强弱有关。在企业社会责任缺失情境下，道德认同高的消费者在需要做出道德行为时，会对道德情操及表现进行更多的考虑，从而会比道德认同低的消费者表现出更高的惩罚意愿。因此，本书推测，对道德认同高的消费者而言，CSI归因中的企业失责通过愤怒影响消费者惩罚意愿的作用更强。所以，本书提出以下假设：

H5：与道德认同低时相比，在道德认同高的情况下，愤怒在CSI归因中的企业失责与消费者惩罚意愿之间所起的中介作用较大。

道德自我调节的核心是做有道德的人，人们对这个目标的重视程度存在差异，在道德自我调节情境下，道德认同高的个体应该对道德领域存在潜在缺陷的信息表现得更为敏感，而当缺陷信息出现时，应积极予以纠正[33]。这就是说道德认同越高的消费者更应该积极对不道德行为做出回应。林少龙和纪婉萍（2020）的发现为此提供了依据[69]。他们发现，内在道德认同在品牌认同和善因认同分别通过利他动机感知影响消费者善因营销产品购买意愿的中介作用中具有调节作用，而内在道德认同的这种有调节的中介作用对于高内在道德认同的消费者的作用更强。这说明高内在道德认同者更关注他人的利益，做出道德行为的意愿更高。此外，违规者做出不端行为后，道德认同可能会受到威胁，此时违规者会通过辩解来减少愧疚、维护自己的道德形象，但是，如果能够通过处理道德认同威胁来重新获取道德认同，违规者则可能会做出修复和弥补行为以重建自己的道德认同[70]。赫兹和克雷滕瑙尔（Hertz and Krettenauer, 2016）通过对商业、发展心理学、营销学等领域的111篇文献进行元分析，以检验道德认同与道德行为之间的关系，结果显示，道德认同与道德行为显著相关，道德认同可以增强个体参与亲社会行为、伦理行为和减少反社会行为的意愿[71]。因此，道德认同越高的消费者越有可能在失责后做出道德行为。

人们在思考事件是否与认同目标一致时，会考虑事件的原因，在这个过程中人们会进行评估，如评估自己应否对事件负责任，如果感知到自己的责任，则会进行自我责任归因。自我归因决定着人们的情感、行为反应[37]，因此自我归因对形成自我意识的道德情感有重要影响。道德认同内化性越高，它被激活的潜力（知识结构在处理和作用于信息时易得性的程度）就越大，并且它影响信息加工和道德行为的能力就越强[65]。因此，一个人道德认同内化性越高，其存储于记忆中的道德价值观、道德特征等知识结构被激活的可能性越大，从而会对信息处理有更强的影响。基于此，可以推断当消费者感知到企业社会责任缺失中的消费者失责后，道德认同越高的消费者，越可能进行自我归因，从而增加了愧疚的可能性。

道德认同作为一种道德能力，可以与美德联系起来。格拉皮、罗玛尼和巴戈齐（Grappi, Romani and Bagozzi, 2013）表明，美德具有自我调节的作用，它能够把情感转化为对违规者的惩罚或促使违规者改变行为[17]。利他美德（如正义、仁慈、平等、合作）会引导人们在需要道德响应时做出正确的行为表现，例如，利他美德会把企业不负责任的行为与消极道德情感联系起来，即利他美德越高，企业责任缺失行为对消极情感的影响越大。现有研究证实，道德认同调节了企业社会责任缺失通过消极道德情感影响消费者修复行为或亲社会行为。例如，埃夫隆（Effron，2014）发现，在预测到潜在的道德认同威胁后，高道德认同者更可能感到焦虑并努力增强道德信用[72]。丁等（Ding, et al., 2016）发现道德认同加强了愧疚在以往的不道德行为对后续亲社会行为的影响关系中的中介作用[27]。米尔德和阿基诺（Mulder and Aquino，2013）发现，在不道德行为发生后，人们通过在后续行为中做出道德行为的方式来认证自我是一个有道德的人以缓解内心的不安[73]，人们这种再认证取决于其自我概念中道德认同的重要性。高（相比于低）道德认同者更倾向于做出道德行为，投入更多的努力修复道德自我形象，其更可能做出弥补行为；而低道德认同者更倾向于与原有的不道德行为保持一致。因此，高道德认同者更可能在企业社会责任缺失的归因中意识到消费者失责时产生愧疚，从而做出弥补行为。基于以上讨论，本书认为道德认同高者会产生更强的愧疚，进而增加弥补意愿。鉴于此，本书提出以下假设：

H6：与道德认同低时相比，在道德认同高的情况下，愧疚在 CSI 归因中的消费者失责与消费者弥补意愿之间所起的中介作用更大。

第六节　本章小结

通过对 CSI 归因中的企业失责与消费者惩罚意愿、消费者失责与消费者弥补意愿、愤怒和愧疚在 CSI 归因影响消费者惩罚意愿和消费者弥补意愿的关系中可能存在中介作用以及道德认同的调节作用进行关系推导后，本书提出了六个研究假设，构建了以下研究框架（见图 3-1）。为检验研究假设，本书进行了一个探索性研究和三个定量研究。接下来，本书将在

第四章报告探索性研究的研究目的、研究过程及研究发现；在第五章报告 CSI 归因影响消费者响应意愿的主效应研究（研究一），以检验 CSI 归因中的企业失责对消费者惩罚意愿的影响（H1）、CSI 归因中的消费者失责对消费者弥补意愿的影响（H2）；在第六章报告愤怒和愧疚对 CSI 归因影响消费者响应意愿的中介作用（研究二）以及道德认同的调节作用（研究三），以检验愤怒在 CSI 归因中的企业失责对消费者惩罚意愿的影响中所起的中介作用（H3）、愧疚在 CSI 归因中的消费者失责对消费者弥补意愿的影响中所起的中介作用（H4），以及不同道德认同下，愤怒在 CSI 归因中的企业失责与消费者惩罚意愿之间所起的中介作用（H5）、愧疚在 CSI 归因中的消费者失责与消费者弥补意愿之间所起的中介作用（H6）。

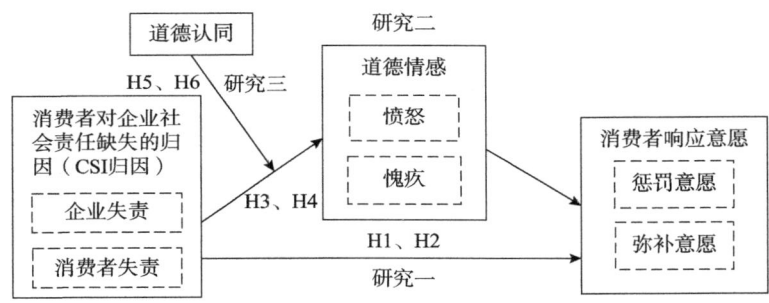

图 3-1　研究框架

注　释

[1] 张婷, 周延风. 消费者视角下企业社会责任缺失研究综述 [J]. 管理学季刊, 2020（2）: 117-137.

[2] SCHWARTZ M S. Ethical Decision-making theory: An integrated approach [J]. Journal of Business Ethics, 2016（139）: 755-776.

[3] JONES T M. Ethical decision making by individuals in organizations: An issue-contingent model [J]. Academy of Management Review, 1991（16）: 366-395.

[4] HUNT S D, VITELL S. A general theory of marketing ethics [J]. Journal of Macromar-

keting, 1986 (6): 5 – 16.

[5] MCLAIN D L, KEENAN J P. Risk, information, and the decision about response to wrongdoing in an organization [J]. Journal of Business Ethics, 1999 (19): 255 – 271.

[6] HAIDT J. The emotional dog and its rational tail: A social intuitionist approach to moral judgment [J]. Psychological Review, 2001 (4): 814 – 834.

[7] SALTZSTEIN H D, KASACHKOFF T. Haidt's moral intuitionist theory: A psychological and philosophical critique [J]. Review of General Psychology, 2004, 8 (4): 273 – 282.

[8] RUEDY N E, MOORE C, GINO F, et al. The cheater's high: The unexpected affective benefits of unethical behavior [J]. Journal of Personality and Social Psychology, 2013, 105 (4): 531 – 548.

[9] HAIDT J, KOLLER S, DIAS M. Affect, culture, and morality, or is it wrong to eat your dog? [J]. Journal of Personality and Social Psychology, 1993 (65): 613 – 628.

[10] KLEIN J, DAWAR N. Corporate social responsibility and consumers' attributions and brand evaluations in a product – harm crisis [J]. International Journal of Research in Marketing, 2004, 21 (3): 203 – 217.

[11] LANGE D, WASHBURN N T. Understanding attributions of corporate social irresponsibility [J]. Academy of Management Review, 2012, 37 (2): 300 – 326.

[12] GRIFFIN M, BABIN B J, ATTAWAY J S. An empirical investigation of the impact of negative public publicity on consumer attitudes and intentions [J]. Advances in Consumer Research, 1991, 18 (1): 334 – 341.

[13] KAYES D C. Organizational corruption as theodicy [J]. Journal of Business Ethics, 2006, 67 (1): 51 – 62.

[14] MAZZEI M J, GANGLOFF A K, SHOOK C L. Examining multi – level effects on corporate social responsibility and irresponsibility [J]. Management & Marketing, 2015, 10 (3): 163 – 184.

[15] JAIN T, ZAMAN R. When boards matter: The case of corporate social irresponsibility [J]. British Journal of Management, 2020, 31 (2): 365 – 386.

[16] FERREIRA A I, RIBEIRO I. Are you willing to pay the price? The impact of corporate social (ir) responsibility on consumer behavior towards national and foreign brands [J]. Journal of Consumer Behaviour, 2017, 16 (1): 63 – 71.

[17] GRAPPI S, ROMANI S, BAGOZZI R P. Consumer response to corporate irresponsible behavior: Moral emotions and virtues [J]. Journal of Business Research, 2013, 66 (10): 1814-1821.

[18] ISIKSAL D G, KARAOSMANOGLU E. Can self-referencing exacerbate punishing behavior toward corporate brand transgressors? [J]. Journal of Brand Management, 2020, 27: 629-644.

[19] KLEIN J G, SMITH N C, JOHN A. Why we boycott: Consumer motivations for boycott participation [J]. Journal of Marketing, 2004, 68 (3): 92-109.

[20] SWEETIN V H, KNOWLES L L, SUMMEY J H, et al. Willingness-to-punish the corporate brand for corporate social irresponsibility [J]. Journal of Business Research, 2013, 66 (10): 1822-1830.

[21] ROMANI S, GRAPPI S, BAGOZZI R P. My anger is your gain, my contempt your loss: Explaining consumer responses to corporate wrongdoing [J]. Psychology and Marketing, 2013, 30 (12): 1029-1042.

[22] DE BOCK T, VAN KENHOVE P. Double standards: The role of techniques of neutralization [J]. Journal of Business Ethics, 2011, 99 (2): 283-296.

[23] SCHEIDLER S, EDINGER-SCHONS L M. Partners in crime? The impact of consumers' culpability for corporate social irresponsibility on their boycott attitude [J]. Journal of Business Research, 2020 (109): 607-620.

[24] BRIGDEN N, HÄUBL, G. Inaction traps in consumer response to product malfunctions [J]. Journal of Marketing Research, 2020, 57 (2): 298-314.

[25] BEM D J. Self-perception theory [C] //Advances in experimental social psychology. Academic Press, 1972 (6): 1-62.

[26] THØGERSEN J, ÖLANDER F. Spillover of environment-friendly consumer behaviour [J]. Journal of Environmental Psychology, 2003, 23 (3): 225-236.

[27] DING W, XIE R, SUN B, et al. Why does the "sinner" act prosocially? The mediating role of guilt and the moderating role of moral identity in motivating moral cleansing [J]. Frontiers in Psychology, 2016 (7): 1-8.

[28] TETLOCK P E, KRISTEL O V, ELSON S B, et al. The psychology of the unthinkable: Taboo trade-offs, forbidden base rates, and heretical counterfactuals [J].

Journal of Personality and Social Psychology, 2000, 78 (5): 853-870.

[29] JORDAN J, MULLEN E, MURNIGHAN J K. Striving for the moral self: The effects of recalling past moral actions on future moral behavior [J]. Personality and Social Psychology Bulletin, 2011, 37 (5): 701-713.

[30] GHOLAMZADEHMIR M, SPARKS P, FARSIDES T. Moral licensing, moral cleansing and pro-environmental behaviour: The moderating role of pro-environmental attitudes [J]. Journal of Environmental Psychology, 2019 (65): 101334.

[31] ZHONG C B, KU G, LOUNT R B, et al. Compensatory ethics [J]. Journal of Business Ethics, 2010 (92): 323-339.

[32] ZHONG C B, LILJENQUIST K, CAIN D M. Moral self-regulation: Licensing and compensation [C] //CREMER D, et al. Psychological perspectives on ethical behavior and decision making. Charlotte, NC: Information Age, 2009: 75-89.

[33] WARD S J, KING L A. Moral self-regulation, moral identity, and religiosity [J]. Journal of Personality and Social Psychology, 2018, 115 (3): 495-525.

[34] GINO F, KOUCHAKI M, GALINSKY A D. The moral virtue of authenticity: How inauthenticity produces feelings of immorality and impurity [J]. Psychological Science, 2015, 26 (7): 983-996.

[35] CONWAY P, PEETZ J. When does feeling moral actually make you a better person? Conceptual abstraction moderates whether past moral deeds motivate consistency or compensatory behavior [J]. Personality and Social Psychology Bulletin, 2012, 38 (7): 907-919.

[36] HAWKINS D F. Causal attribution and punishment for crime [J]. Deviant Behavior, 1981, 2 (3): 207-230.

[37] WEINER B. An attributional theory of achievement motivation and emotion [J]. Psychology Review, 1985 (92): 548-573.

[38] WEINER B. On sin versus sickness [J]. American Psychologist, 1993, 48 (9): 957-965.

[39] DARLEY J M, PITTMAN T S. The psychology of compensatory and retributive justice [J]. Personality and Social Psychology Review, 2003, 7 (4): 324-336.

[40] CHOI Y, LIN Y H. Consumer responses to mattel product recalls posted on online bulletin boards: Exploring two types of emotion [J]. Journal of Public Relations

Research, 2009, 21 (2): 198 - 207.

[41] TEPER R, ZHONG C, INZLICHT M. How emotions shape moral behavior: Some answers (and questions) for the field of moral psychology [J]. Social and Personality Psychology Compass, 2015, 9 (1): 1 - 14.

[42] HAIDT J. The new synthesis in moral psychology [J]. Science, 2007, 316 (5827): 998 - 1002.

[43] TANGNEY J P, STUEWIG J, MASHEK D J. Moral emotions and moral behavior [J]. Annual Review of Psychology, 2007 (58): 345 - 372.

[44] CARLSMITH K M, DARLEY J M, ROBINSON P H. Why do we punish? Deterrence and just deserts as motives for punishment [J]. Journal of Personality and Social Psychology, 2002 (83): 284 - 299.

[45] JIN Y. The effects of public's cognitive appraisal of emotions in crises on crisis coping and strategy assessment [J]. Public Relations Review, 2009 (35): 310 - 313.

[46] COOMBS W T, HOLLADAY S J. An exploratory study of stakeholder emotions: Affect and crises [J]. Research on Emotion in Organizations, 2005, 1 (5): 263 - 280.

[47] ANTONETTI P, VALOR C. A theorisation of discrete emotion spillovers: an empirical test for anger [J]. Journal of Marketing Management, 2021, 37 (7 - 8): 599 - 625.

[48] NASAB S M T I, ABIKARI M. The effects of companies' social irresponsibility on consumers' negative emotions toward the brand and their behavior [J]. ASEAN Marketing Journal, 2021, 8 (2): 128 - 142.

[49] XU F, LUO X, HSU C. Anger or fear? Effects of discrete emotions on employee's computer - related deviant behavior [J/OL]. Information & Management, 2019, 57 (3): 103180. doi: 10.1016/j.im.2019:103180.

[50] CRONIN T, REYSEN S, BRANSCOMBE N R. Wal - Mart's conscientious objectors: Perceived illegitimacy, moral anger, and retaliatory consumer behavior [J]. Basic and Applied Social Psychology, 2012, 34 (4): 322 - 335.

[51] O'REILLY J, AQUINO K, SKARLICKI D. The lives of others: Third parties' responses to others' injustice [J]. Journal of Applied Psychology, 2016, 101 (2): 171 - 189.

[52] TANGNEY J P. Assessing individual differences in proneness to shame and guilt: Development of the self - conscious affect and attribution inventory [J]. Journal of Per-

sonality and Social Psychology, 1990, 59 (1): 102 – 111.

[53] KNEZ I, NORDHALL O. Guilt as a motivator for moral judgment: An autobiographical memory study [J]. Frontiers in Psychology, 2017 (8): 1 – 9.

[54] HIGGINS E T. Self – discrepancy: A theory relating self and affect [J]. Psychological Review, 1987, 94 (3): 319 – 340.

[55] PAHARIA N. Who receives credit or blame? The effects of made – to – order production on responses to unethical and ethical company production practices [J]. Journal of Marketing, 2020, 84 (1): 88 – 104.

[56] COHEN T R, PANTER A T, TURAN N. Guilt proneness and moral character [J]. Current Directions in Psychological Science, 2012, 21 (5): 355 – 359.

[57] CHEN Y, MOOSMAYER D C. When guilt is not enough: Interdependent self – construal as moderator of the relationship between guilt and ethical consumption in a Confucian context [J]. Journal of Business Ethics, 2020, 161 (3): 551 – 572.

[58] AFSAR B, UMRANI W A. Corporate social responsibility and pro – environmental behavior at workplace: The role of moral reflectiveness, coworker advocacy, and environmental commitment [J]. Corporate Social Responsibility and Environmental Management, 2020 (27): 109 – 125.

[59] AMOS C, ZHANG L, READ D. Hardworking as a heuristic for moral character: Why we attribute moral values to those who work hard and its implications [J]. Journal of Business Ethics, 2019, 158 (4): 1047 – 1062.

[60] AQUINO K, REED A. The self – importance of moral identity [J]. Journal of Personality and Social Psychology, 2002 (83): 1423 – 1440.

[61] WINTERICH K P, MITTAL V, AQUINO K. When does recognition increase charitable behavior? Toward a moral identity – based model [J]. Journal of Marketing, 2013, 77 (3): 121 – 134.

[62] AFSAR B, AL – GHAZALI B, UMRANI W. Corporate social responsibility, work meaningfulness, and employee engagement: The joint moderating effects of incremental moral belief and moral identity centrality [J]. Corporate Social Responsibility and Environmental Management, 2020, 27 (3): 1264 – 1278.

[63] SEN S, GURHAN – CANLI Z, MORWITZ V. Withholding consumption: A social

dilemma perspective on consumer boycotts [J]. Journal of Consumer Research, 2001, 28 (3): 399 – 417.

[64] XIE C, BAGOZZI R P, GRØNHAUG K. The role of moral emotions and individual differences in consumer responses to corporate green and non – green actions [J]. Journal of the Academy of Marketing Science, 2015, 43 (3): 333 – 356.

[65] AQUINO K, FREEMAN D, REED A, et al. Testing a social – cognitive model of moral behavior: The interactive influence of situations and moral identity centrality [J]. Journal of Personality and Social Psychology, 2009, 97 (1): 123 – 141.

[66] AQUINO K, MCFERRAN B, LAVEN M. Moral identity and the experience of moral elevation in response to acts of uncommon goodness [J]. Journal of Personality and Social Psychology, 2011, 100 (4): 703 – 718.

[67] XIE C, BAGOZZI R P. Consumer responses to corporate social irresponsibility: The role of moral emotions, evaluations, and social cognitions [J]. Psychology & Marketing, 2019, 36 (6): 565 – 586.

[68] TRAUTWEIN S, LINDENMEIER J. The effect of affective response to corporate social irresponsibility on consumer resistance behaviour: Validation of a dual – channel model [J]. Journal of Marketing Management, 2019 (35): 253 – 276.

[69] 林少龙, 纪婉萍. 消费者的品牌认同、善因认同与内在道德认同如何促进善因营销的成功 [J]. 南开管理评论, 2020, 23 (4): 25 – 36.

[70] WENZEL M, WOODYATT L, MCLEAN B. The effects of moral/social identity threats and affirmations on psychological defensiveness following wrongdoing [J]. British Journal of Social Psychology, 2020 (59): 1062 – 1081.

[71] HERTZ S G, KRETTENAUER T. Does moral identity effectively predict moral behavior: A meta – analysis [J]. Review of General Psychology, 2016, 20 (2): 129 – 140.

[72] EFFRON D A. Making mountains of morality from molehills of virtue [J]. Personality and Social Psychology Bulletin, 2014, 40 (8): 972 – 985.

[73] MULDER L B, AQUINO K. The role of moral identity in the aftermath of dishonesty [J]. Organizational Behavior and Human Decision Processes, 2013, 121 (2): 219 – 230.

第四章

CSI 归因中的消费者失责

沙伊德勒和埃丁格-肖恩斯（Scheidler and Edinger-Schons，2020）提出消费者在某些企业社会责任缺失中扮演着"伙伴"（Partner）角色，与企业共同促成了部分企业社会责任缺失[1]。这表明现有企业社会责任缺失研究已经注意到消费者在企业社会责任缺失中的作用。然而，该研究在谈消费者失责时，主要强调的是消费者消费习惯的作用，未能对消费者失责的内涵和表现进行更全面的阐述。除此之外，尚没有其他学者针对企业社会责任缺失中的消费者失责问题进行深入和广泛的研究。因此，本章进行了消费者对企业社会责任缺失的归因的探索性研究。

第一节　对 CSI 归因中消费者失责的探索性研究

本探索性研究的目的在于了解国内消费者对企业社会责任缺失原因的认知，并探索消费者在对企业社会责任缺失进行归因时，能否意识到消费者的责任，从而进一步总结消费者失责的具体表现，以了解什么类型的企业社会责任缺失会引发消费者失责，同时初步探索消费者对 CSI 归因的响应。

研究人员在希望获得受访者对某个（几个）问题比较详细的想法或认识时，通常会采用半结构式访谈[2]。本探索性研究希望深入了解消费者如何对企业社会责任缺失进行归因，由于研究主题是明确的，因此可以用半结构式访谈进行数据收集。

本书作者首先设计了访谈提纲，并根据与两位受访者的预访谈，对访谈提纲进行了完善，然后同研究团队成员进行了讨论，最终确定了访谈提纲（见附录一）。本书作者通过个人联系的方式获取访谈对象。访谈对象选取的依据是对企业负面事件有所关注，年龄、教育程度、职业背景不同的消费者。2020年3月，本书作者以面对面访谈为主、电话访谈为辅的形式进行了个人访谈。参考吉尔等（Gill, et al., 2008）提出的定性访谈的过程及注意事项[2]，在对受访者进行访谈之前，访谈者先向受访者说明了此次访谈的匿名性，在征得受访者的同意后进行了录音。访谈问题包括受访者是否关注过负面的企业新闻、列举记忆比较深刻的企业负面事件并对事件进行归因、对部分企业社会责任缺失事件进行责任划分、列举在一定程度上存在消费者责任的企业社会责任缺失事例。

此次研究共访谈了21位受访对象（女性11位，占比为52.38%），平均每位受访者的访谈时间为30.19分钟，在结束对受访者访谈后的24小时内对录音进行了文字转稿，合计访谈文字数量为113056字。21位受访对象中年龄最小的为20岁，最大的为53岁，受访者从事不同的职业，从业时间确定的为2年至21年，教育背景涵盖了小学、中学、大专、本科、硕士和博士，受访对象的统计信息见表4-1。

表4-1 受访对象统计信息

编号	性别	年龄（岁）	行业及职业	从业时间	受教育程度
F1	女	20	在校学生	—	大学本科
F2	女	28	幼儿教师	6年	大学本科
F3	女	30	家庭主妇	10年	高中
F4	女	30	医学博士生	3年	博士研究生
F5	女	28	奶粉行业	5年	大学本科
F6	女	47	保险业营销经理	8年	大专
F7	女	32	医药销售代表	4年	初中
F8	女	43	美容业个体户	12年	初中
F9	女	47	建材个体户	20年	大专
F10	女	23	在校学生	—	硕士研究生
F11	女	37	在校学生	—	博士研究生
M1	男	26	新媒体创业者	5年	大专
M2	男	31	电商个体户	3年	大学本科
M3	男	25	影视行业职员	2年	大学本科
M4	男	26	房地产策划经理	2.5年	硕士研究生

续表

编号	性别	年龄（岁）	行业及职业	从业时间	受教育程度
M5	男	29	新闻行业记者	7 年	大学本科
M6	男	39	公务员	20 年	硕士研究生
M7	男	36	安防科技从业者	10 年	小学
M8	男	53	乡村公务员	21 年	初中
M9	男	36	建筑业项目经理	13 年	大学本科
M10	男	35	企业服务机构负责人	12 年	大学本科

在已有的企业社会责任缺失、消费者社会责任消费文献基础上，遵循扎根理论的逻辑（The Logic of Grounded Theory），本书对访谈文本进行了更为抽象的概念提炼以总结出研究发现。

第二节 企业社会责任缺失的表现及原因

通过分析受访者对企业社会责任缺失表现的理解，本书发现，受访者提及的企业社会责任缺失行为有：产品质量问题，销售假冒伪劣产品，损害员工权益，偷税漏税，污染环境，缺乏在慈善、促进社会稳定、人才培养等方面的责任等。受访者具体的访谈内容举例如下：

> 比如，我在房地产行业工作，最熟悉的就是搞快周转，不注重房屋的质量。我身边的事情，就是企业对员工的压榨，员工天天加班企业不给加班费。比如，员工的工作压力太大了，但这种压力没有得到相应的补偿，以及在工作中领导为了追求业绩，用他自己的管理办法对员工进行精神剥削。(M4 - 产品质量、员工权益)

> 比如，有的企业拖欠农民工工资，有的（企业）甚至偷税漏税，有的（企业）对政治任务，如全国开展的脱贫攻坚，避而远之。(M8 - 偷税漏税、缺乏慈善责任)

从受访者提到的这些企业行为可以看出，受访者对企业社会责任缺失表现的理解与文献中企业社会责任缺失的表现具有一致性。因此，了解受访者对这些企业行为发生原因的看法，有助于理解受访者是如何对企业社会责任缺失进行归因的。

在谈及企业社会责任缺失的原因时，受访者提到了企业、政府、消费者、经济、法律法规等方面的因素。企业方面的原因有企业逐利的驱动、企业发展阶段、企业经营管理者个人对企业社会责任相关问题的认识不足、企业社会责任意识薄弱等。21位受访者都提到了企业唯利是图是企业社会责任缺失的一个关键原因。企业处于的发展周期不同，其社会责任缺失发生的可能性也不同，如创立初期可能会为了减少支出而发生企业社会责任缺失行为。另外，企业领导者道德水平的高低也是源于企业内部一个重要的影响因素。6位受访者提到了政府方面的原因，即政府缺乏有效的监管，没有针对企业履行企业社会责任或做出企业社会责任缺失的奖惩机制。5位受访者认为，企业社会责任缺失有来自消费者方面的原因，即消费者对企业社会责任缺失问题的关注程度、责任意识觉醒的程度，以及消费者的消费需求、消费观念在企业社会责任缺失的发生中具有作用。2位受访者提到了经济和法律方面的原因。受访者具体的访谈内容举例如下：

> 第一个，应该说是受大环境的影响。企业的行业准则等方面的标准不健全。没有形成有效的监管机制，从而导致企业社会责任缺失。第二个，是企业自身方面的原因。具体包括企业自身发展阶段的因素，企业家自身个人素养方面的问题。第三个，是群众方面的原因，具体包括整个国民素质，国民的意识或者民众的意识觉醒的程度。第四个，是舆论的引导。如果这方面大的氛围没形成，也可能会导致缺失。（M6）

> 有两方面的原因吧，第一个方面是有些企业一味地追求利润，其他的什么都不管。第二个方面就是客观原因，企业社会责任的缺失是没有足够的监管机构对企业进行监督，民众对企业也

没有期待，所以企业就做得没有那么好，或者说没有做，甚至根本就不会想这些事情。(F5)

从受访者对企业社会责任缺失原因的分析可见企业社会责任缺失是由多方因素促成的，其中企业利益导向、领导者决策和道德水平等企业内部因素是最主要的企业社会责任缺失的成因。政府监管不到位是另一个重要原因，而消费者对企业履行社会责任的期望也会影响企业社会责任缺失。根据企业社会责任缺失责任主体被提及的频率（由于国内企业所面临的政府因素具有相似性），本书选择从企业和消费者两个方面进行企业社会责任缺失的归因研究。

第三节　消费者失责的表现

对于受访者记忆深刻的企业社会责任缺失事件，受访者列举了疫苗事件、拖欠工人工资等事件。对部分企业社会责任缺失事件进行责任划分时，受访者提及了相关事件中的企业、政府、消费者等都存在着责任并对不同责任主体的责任比例进行了分配。依据消费者社会责任消费文献，以及参考文献中对社会责任消费行为的界定，本书对 CSI 归因中消费者失责的具体表现总结如下。

一、消费者不良需求（需要）或消费观

消费者在消费中仅追求自我需求的满足，对象征性产品的偏好及不健全的消费观念等助长了企业对利益相关者（如动物、环境、员工、消费者等）的责任缺失。例如，消费者的需求、消费观在一定程度上与企业社会责任缺失有关。例如：

市场有需求。消费者希望物美价廉。但物美价不会廉，物美

自然价格就贵，但消费者只求廉，因此消费水平就上不去。（F9）

我觉得是国人的一种认知，跟消费观念有关系。现在很多人不太相信、不太认同专业的人去做专业的事。（M1）

我觉得一定是有市场、有需求，企业才会这样做，如果没有这个市场、消费者没有这个需求，企业就没有理由这么做。比如说包包，如果没有人买、没有人喜欢鳄鱼皮做的包包，那么就没有人伤害鳄鱼。（F5）

在被问及能否举一些与消费者有关的企业社会责任缺失事例时，所有的受访者均给出了肯定的回答，表示存在这样的事例。有38.09%（8位）受访者明确表达了"没有买卖就没有伤害""有买方就有卖方"的观点。从受访者的举例和看法中可以看到，现实消费情境中确实存在消费者的某些消费需求、认知在一定程度上助长了某些企业社会责任缺失的情况。

二、消费者过度消费

在快递包装垃圾污染环境的责任归因中，受访者F7提到自己会经常网购很多并不需要的东西："有时候我也经常在网上买东西，但是有时候买完了这件东西，我发现它在那儿已经放了两年或者半个月了我都没用上它。我家里有好多东西，到最后都弄到二手平台去卖了，因为我觉得它没有用。"电商个体户M2在访谈中谈到消费者追求过度包装或豪华包装在一定程度上使企业不得不使用更多的包装材料，进而加剧了快递包装垃圾污染问题："在市场驱使的情况下，不得不这样做，我们只能说尽量简单地包装，以减少包装带来的一些影响。"因此，消费者未能更好地适度消费会助长企业社会责任缺失。

三、消费者对社会责任缺失企业的纵容

消费者对社会责任缺失企业的纵容体现在消费者在面对企业社会责任

缺失时监督维权意识薄弱、未能积极主动地抵制企业社会责任缺失（如不购买社会责任缺失企业的产品或服务）。国内消费者在遭遇企业社会责任缺失时，通常会表现出息事宁人、自认倒霉等消极态度。这种监督和维权的缺乏纵容了企业社会责任缺失。例如：

> 作为中国的消费者，可能是对它（企业）监管不力，对它（企业）的态度就是，与我无关的事，我就不理会它。(M8)

> 中国消费者一般都说："哎，算了吧，算了吧，为这一点钱。"讨回公道，（他们）觉得浪费时间，划不来。基本上都是这样。商家卖假冒伪劣产品，消费者买的都不贵，有时候消费者会想举报一下查一下，有的时候消费者又会想，没什么大不了，下次不在它这里买了。这样企业就会一错再错，最终形成了这种模式。(M7)

因此，除去外在维权成本的考量，消费者在消费中不会考虑企业是否违法、是否道德，不能积极地进行社会监督、抵制社会责任缺失企业的产品或服务，以一种"事不关己、高高挂起"的心态面对企业社会责任缺失也是消费者失责的表现。

四、消费者缺乏亲社会行为

消费者在消费中对濒危动物的保护意识较弱，未能避免购买伤害濒危动物、虐待动物的企业的产品，以及食用稀有野生动物、对动物生命的漠视等，这些缺乏亲社会的行为是消费者失责的表现。例如，受访者 M9 表示与食用野味有关的企业社会责任缺失跟消费者是有关系的。在用鳄鱼皮做包的事件的责任归因中，有少数受访者表示虐杀鳄鱼，用鳄鱼皮做包无所谓，因为人类本身是最重要的（M4）；只要有消费者购买，企业就会这样做，对这个没什么感觉，这样的事情每天都有发生（M3）。这反映了消费者对动物福利缺乏关注。因此，消费者对亲社会行为的忽视增加了企业社会责任缺失发生的可能性。

五、消费者不重视环保

消费者环保行为的缺乏体现在消费者为了追求便利不顾及环境后果，也不积极实施垃圾分类、回收等。消费者缺乏环保行为在当前快递企业的环境责任缺失中具有较为明显的作用。对于快递包装垃圾污染环境的问题，受访者 F10 认为："消费者是快递包装垃圾带来的环境问题的责任主体之一。因为我会觉得消费者太懒了，虽然我自己也会买很多东西，但是，我还是会尽量自己去逛一逛超市，不应该每天只在房子里面等着收快递。"也有受访者认为，消费者对快递包装垃圾带来的环境问题负有很大的责任："因为你消费了，所以快递才能到你的手上。你可能拆了快递之后随手一扔，快递盒子也是你扔的。你没有一个好的习惯去处理它们。（F2）""快递，现场买东西，商家配送，肯定有包装，消费者是有责任去区分这些垃圾的，应该做好分类、回收。（M7）"这反映了消费者在购买后的处置行为过程中存在的消费者失责。

第四节 受消费者影响的企业社会责任缺失

通过分析受访者对企业社会责任缺失原因的认知、列举与消费者责任有关的企业社会责任缺失事例，本书发现与消费者不良需求或需要有直接或间接联系的、有消费者参与交换及购后处置的企业社会责任缺失会让其在对企业社会责任缺失进行归因时产生消费者失责（本书将其称为"受消费者影响的企业社会责任缺失"）。

例如，受访者 M9 讲道："我觉得这跟消费者是有关系的。有句广告说，没有买卖就没有杀害嘛，他不要、他不用那些东西，不去追求那些，可能就会减少一些杀害。还有吃野味，这个跟消费者也是有一些关系的。"这反映了存在受消费者需求直接影响的企业社会责任缺失。

此外，受访者F11还提到了快递垃圾问题，她说道："公众喜欢物美价廉，其实现在已经有了先进的技术，它可以不需要依靠胶带，而且也是可回收的快递包裹的包装，但是消费者依然会倾向于选择更便宜的。"消费者本可以选择先进技术下的环保包装，但由于对价格更低的包装形成了稳定的消费偏好，其依然选择更便宜、污染也更严重的包装，这体现了存在受消费者消费习惯影响的企业社会责任缺失。另外，受访者F10提到："我认为某些共享单车倒闭事件，其实消费者也是有责任的。虽然说共享经济，当时出来的时候会觉得好方便，然后就很便宜、实惠，但是企业不是做慈善的，它是要运营的，当它已经给你带来便利的时候，你却没有意愿去为这些便利买单，因此我认为消费者也是有一定责任的。"共享单车消费作为共享经济环境下的一种消费，需要消费者在数字技术、网络接入的支持下通过接入使用产品，在完成使用后对共享单车进行停放，即消费者参与了交换和使用后处置的过程。某些共享单车倒闭对其供应商、消费者等利益相关方的负面影响，在一定程度上反映了存在受消费者参与影响的企业社会责任缺失。从受访者列举的这些企业社会责任缺失事例中可以看到，让消费者在企业社会责任缺失归因时产生消费者失责的企业社会责任缺失跟消费者的不良需求或需要、消费习惯及消费者参与有密切关系。

第五节　消费者失责与消费者响应

受访者谈到企业社会责任缺失归因中的消费者失责后表现出一定的情感和行为意愿。当受访者认为自己或所属群体对企业社会责任缺失行为负有责任时，其就会产生愧疚、后悔、负罪感等情感，进而愿意做出补偿行为。

例如，受访者F2在分析快递垃圾污染环境问题的责任时，认为有快递方、中间商和消费者个人三方面的责任主体。作为快递消费者，F2讲道："我平时收了快递之后，就把盒子拆给中间方了，让他们收回去。如果我随地扔快递垃圾的话，心里会有负罪感。（有负罪感以后）首先把自己要求好，然后再要求身边的人。如果有能力的话，那就号召一大部分人或者是真的特别有能力的，就直接搞一个那种回收的。"F2通过在快递垃圾处理过程中进行回收来减少负罪感，并且愿意在有负罪感以后规范自己的行为，并带动身边的人一起进行回收，用时间和精力做出弥补。

受访者F10谈道："作为快递的消费者，自己对快递包装垃圾带来的环境问题是有责任的。所以说当我看到了一些成堆的垃圾，有人告诉我这是快递垃圾，我会觉得非常愧疚，并且在一段时间内我会告诉自己，尽量不要再去制造这些垃圾。"此处F10的访谈内容体现了她两种不同的身份，一种是作为快递消费者，即产生快递垃圾的直接消费者，另一种是作为所有快递消费者的一员，并非一些成堆的快递垃圾的直接消费者。从F10的访谈中可以看到，这两种身份都让她产生了愧疚：一是她因自己的失责而愧疚；二是因其所属群体的失责而愧疚，在愧疚之后，她选择减少购买的方式从源头上进行弥补。

受访者M2坦陈自己属于60%的那类快递消费者，对快递垃圾问题负有责任，"每次当一个包装过度的时候，可能就会觉得愧疚，其实如果这个包装能更简约一点，就可能会更好。在成本比较低的情况下，我们是愿意替换环保包装材料的"。快递过度包装存在负面影响，M2意识到自己在其中的责任后，产生了愧疚，并且愿意额外支付一定费用选择可替换的环保包装。快递垃圾问题是有消费者参与交换、购后处置的企业社会责任缺失，跟消费者的购买需求紧密相关，属于"受消费者影响的企业社会责任缺失"。

从访谈中，本书发现消费者会从这类企业社会责任缺失中意识到消费者失责，其既会因自己的失责产生愧疚，也可能会因其所属群体的失责产生愧疚，在感到愧疚以后，消费者愿意付出时间、精力和金钱来进行弥补。

第六节　本章小结

通过对21位受访者的个人访谈，本书探索了消费者对企业社会责任缺失原因的认知，分析了消费者失责的表现，总结了存在消费者失责的企业社会责任缺失类型，并初步推导出消费者失责与消费者弥补意愿的关系。本探索性研究回答了消费者能否感知到企业社会责任缺失归因中存在消费者失责的问题，并在以往文献的基础上更加全面地总结了消费者失责的表现。

访谈结果显示，受访者认为企业社会责任缺失的成因中有来自消费者方面的责任，即CSI归因中存在着消费者失责。这种消费者失责具体表现为：消费者不良需求（需要）或消费观助长特定企业社会责任缺失；消费者过度消费；未能积极进行社会监督、抵制社会责任缺失企业的产品或服务从而纵容了企业社会责任缺失，使得这种行为反复发生；在消费中缺乏亲社会行为以及不重视环保，助长了企业对动物和环境的责任缺失。通过访谈，本书认为除了消费习惯，消费者需求或需要、消费者参与企业购买后相关的处置行为也会促成某些企业社会责任缺失的发生。

此外，帕哈利亚（Paharia，2020）发现，在产品定制情境下，消费者参与产品的设计和生产，可以定制产品的颜色和样式。[3]这种消费者按需下单、个性化定制、提前下单等参与生产的行为使得消费者对生产具有某些控制权，而且消费者参与生产也会降低消费者购买生产过程中存在不道德行为（如污染、廉价劳动力）的产品的意愿，而在成品情境下（供应商掌握着产品控制权，在消费者实际需求之前进行生产，并从预先确定的库存中销售产品），消费者购买以不道德方式生产的产品的可能性更大。因此，如果消费者参与生产，则可能更容易使消费者意识到企业社会责任缺失中的消费者失责。

结合本探索性研究的发现，本书认为，与消费者不良需求或需要具有直接或间接联系的企业社会责任缺失，以及有消费者参与生产、交换及购后处置的企业社会责任缺失会让消费者对企业社会责任缺失进行归因时产生消费者失责。通过本探索性研究，本书还发现消费者感知到自己或所属群体对企业社会责任缺失行为负有责任后，会形成愧疚、负罪感、后悔等情感，进而愿意在以后的消费中做出补偿。这初步表明了CSI归因中的消费者失责可能引发消费者愧疚，进而增加消费者的弥补意愿。

注　释

［1］SCHEIDLER S, EDINGER – SCHONS L M. Partners in crime? The impact of consumers' culpability for corporate social irresponsibility on their boycott attitude ［J］. Journal of Business Research, 2020 (109): 607 – 620.

［2］GILL P, STEWART K, TREASURE E, et al. Methods of data collection in qualitative research: Interviews and focus groups ［J］. British Dental Journal, 2008, 204 (6): 291 – 295.

［3］PAHARIA N. Who receives credit or blame? The effects of made – to – order production on responses to unethical and ethical company production practices ［J］. Journal of Marketing, 2020, 84 (1): 88 – 104.

第五章

CSI 归因与消费者惩罚意愿、弥补意愿

第五章　CSI 归因与消费者惩罚意愿、弥补意愿

基于以往企业社会责任缺失文献、社会责任消费研究及相关理论推导和第四章 CSI 归因探索性研究的发现，本书研究认为，消费者在对"受消费者影响的企业社会责任缺失"进行归因时，存在着消费者失责，应进一步从企业失责和消费者失责两个方面研究 CSI 归因对消费者响应意愿的影响。根据第三章的假设推导，本书假设 CSI 归因中的企业失责会引发消费者对企业的惩罚意愿，CSI 归因中的消费者失责会引发消费者产生对企业的弥补意愿。本章在系列企业社会责任缺失事件中选择了一个企业社会责任缺失事件作为后续研究设计的情境；通过前测，设计了 CSI 归因的启动材料；在正式实验中（研究一），检验了 CSI 归因对消费者响应意愿的影响。

第一节　选择企业社会责任缺失事件

通过邀请消费者对不同类型的企业社会责任缺失事件进行归因，对事件中的企业失责和消费者失责进行打分，本书进一步总结了具有消费者失责的企业社会责任缺失事件的共同特点，并选择具有较高企业失责和消费者失责的企业社会责任缺失事件作为后续研究企业社会责任缺失的情境。

一、研究设计

遵循现有研究中多以企业社会责任缺失伤害的利益相关者类型进行企业社会责任缺失分类的做法，本书选取了伤害不同利益相关者（消费者、员工、供应链主体、股东、竞争者、环境和动物）、引发人们关注的、涵盖国内外企业的 15 个企业社会责任缺失事件，并通过权威的网络资料整理了这些事件的简介（部分事件见附录二）。

本书的调研问卷由三部分构成，分别是引导语——陈述该项调研是匿名调研，邀请被试依据其真实的想法、感受或看法回答所有问题，告知被试其答案没有对错之分，研究人员也将严格保密，最后告知被试研究人员的联系方式并感谢被试参与调研；主体问卷——随机展现 5 个企业社会责任缺失事件的简介及每个事件发生后对于该事件的责任归因问题测量；个人信息——性别、年龄、教育程度。

本书作者编制了网络调研问卷、生成了匿名链接，并把链接转发到一个有 500 名成员的微信群（该群由某 985、211 高校的博士研究生组织建立，群成员主要是全国各地高校的在校生）中，邀请群成员进行问卷填写，完成问卷者可获得 3.5 元的报酬。调研过程中，每位被试随机阅读 15 个企业社会责任缺失事件中的 5 个事件，每阅读一个事件后，随即回答两个关于该事件责任归因的问题。第一个问题为李克特量表（7 级）题，询问被试谁应该为企业社会责任缺失事件中的受害者负责（1 表示企业的责任，越接近 1，表示企业的责任越大；7 表示消费者的责任，越接近 7，表示消费者的责任越大）。第二个问题为比重填空题，将该企业社会责任缺失事件中对受害者造成伤害的企业责任和消费者责任分别赋值 100 分，邀请被试对企业责任和消费者责任进行责任分配。

数据收集于 2020 年 3 月 10 日进行。此次调研共获得 136 份有效答卷，其中女性被试 91 名，占比为 66.9%。被试的年龄为 18—60 岁，以 18—34 岁为主（94.1%），教育程度以大学本科（53.7%）、硕士研究生（22.8%）和博士研究生（20.6%）为主。

二、消费者对企业社会责任缺失事件的评价

运用 SPSS21.0 进行描述统计分析，结果显示，被试对 15 个企业社会责任缺失事件的责任归因打分中，最小值为 1，最大值为 7，这表明每个企业社会责任缺失事件的责任归因中均存在着企业失责和消费者失责；均值 1.82~4.21，只有事件 12（快递垃圾问题）和事件 6（游戏成瘾问题）的

责任归因均值大于 4,这表明除了事件 12 和事件 6 中消费者失责可能略高于企业失责外,其他 13 个企业社会责任缺失事件的责任归因主要为企业失责。在对企业社会责任缺失事件中对受害者造成伤害的企业失责和消费者失责进行责任分配时,事件 12 的企业失责最小值为 0,其他企业社会责任缺失事件中的企业失责最小值为 5 ~ 50 分,最大值为 80 ~ 100 分,均值为 47.09 ~ 88.72 分。在 15 个企业社会责任缺失事件中,有 12 个企业社会责任缺失事件中消费者失责的最小值为 0,也就是说有被试认为这 12 个企业社会责任缺失事件中不存在消费者失责。15 个企业社会责任缺失事件中消费者失责的均值为 11.28 ~ 52.91 分。其中,消费者失责均值大于 40 分的有事件 6(52.91 分)、事件 12(46.29 分)、事件 14(45.64 分)、事件 15(40.60 分)。进一步思考发现这些消费者失责得分较高的企业社会责任缺失事件有一定的共同之处,从消费者的角度来看,它们与消费者有较为直接和密切的关联性,体现了消费者的消费习惯、需求或需要以及消费者的参与程度在促成这些事件中的作用。例如,事件 6 对于游戏玩家来讲具有很高的参与性。因此,可以认为消费者在对企业社会责任缺失事件进行责任归因时,对那些与消费者不良需求或需要有较为直接和密切联系的、有消费者参与的企业社会责任缺失事件感知到消费者失责的可能性较大,具体情况见表 5 - 1。

表 5 - 1 15 个企业社会责任缺失事件责任归因的描述统计

企业社会责任缺失类型	事件名称	N	责任归因评价[李克特量表(7级)] 均值	标准差	企业失责 均值	标准差	消费者失责 均值	标准差	均值比较 t	p
消费者	事件 1	40	1.82	1.41	88.72	14.03	11.28	14.03	17.45	<0.001
	事件 2	51	1.98	1.45	85.61	16.17	14.39	16.17	15.72	<0.001
	事件 3	55	2.89	1.69	69.93	24.01	30.07	24.01	6.16	<0.001
	事件 4	44	2.20	1.42	81.75	15.73	18.25	15.73	13.39	<0.001
	事件 5	37	3.11	1.49	65.16	20.32	34.84	20.32	4.54	<0.001
	事件 6	43	4.21	1.39	47.09	19.43	52.91	19.43	-0.98	0.332
	事件 7	44	2.00	1.59	88.70	14.67	11.3	14.68	17.49	<0.001

续表

企业社会责任缺失类型	事件名称	N	责任归因评价[李克特量表（7级）] 均值	标准差	企业失责 均值	标准差	消费者失责 均值	标准差	均值比较 t	p
员工	事件8	34	2.26	1.81	85.82	16.96	14.18	16.97	12.31	<0.001
供应链	事件9	49	2.49	1.61	80.06	16.21	19.94	16.21	12.98	<0.001
股东	事件10	49	1.84	1.23	85.16	17.10	14.84	17.10	14.39	<0.001
竞争者	事件11	45	2.04	1.43	84.73	17.67	15.27	17.67	13.19	<0.001
环境	事件12	45	4.18	1.23	53.71	18.62	46.29	18.62	1.34	0.188
动物	事件13	41	3.32	1.46	63.34	20.81	36.66	20.81	4.11	<0.001
动物	事件14	53	3.96	1.62	54.36	20.42	45.64	20.42	1.56	0.126
动物	事件15	50	3.50	1.74	59.40	24.83	40.60	24.83	2.68	<0.05

三、本节小结

本节通过对15个不同类型的企业社会责任缺失事件进行责任归因打分，结果表明，消费者对企业社会责任缺失事件的责任归因中同时存在着企业失责和消费者失责，而消费者失责较高的企业社会责任缺失事件与消费者不良需求或需要有直接且紧密的联系，消费者在这类企业社会责任缺失事件中具有较高的参与性，这些发现与本书探索性研究的发现具有一致性。因此，本书主要聚焦于此类企业社会责任缺失，并关注消费者对它的CSI归因对消费者响应意愿的影响。由于游戏成瘾问题、快递垃圾问题的企业失责和消费者失责得分均值没有显著差异，因此，可以考虑选择它们作为企业社会责任缺失情境来进行后续研究材料的设计。然而，一方面，我国快递业市场规模呈中高速增长，当前快递消费已成为人们生活中的一部分，快递垃圾数量剧增，已成为一种新的污染源，快递垃圾带来的环境污染问题越来越受到重视。另一方面，观研天下和伽马数据的报告表明游戏产业的消费者群体呈年轻化特征,年轻消费者群体是游戏市场主流。[1]因此,考虑到快递消费者没有明显的群体特征,而游戏用户具有明显的年轻化特点且游戏消费具有成瘾性,本书选择快递包装垃圾问题作为企业社会责任缺失事例来开展后续研究。

第二节 CSI 归因的启动材料

本节内容将呈现 CSI 归因启动材料,并检验其有效性。以往学者们在编制企业社会责任缺失的相关研究材料时,常常会根据虚拟或真实的企业社会责任缺失事件编制实验材料或调研启动材料,根据消费者对不同类型的企业社会责任缺失事件进行归因的研究发现,本书以快递垃圾带来环境污染为情景,参考了文献中企业失责和消费者失责的定义、新华网上关于快递垃圾的新闻报道编制了快递垃圾问题中存在企业失责和消费者失责两种情景的文本材料。在企业失责情景中,文本材料则更为突出快递垃圾问题中企业方面的原因;在消费者失责情景中,文本材料则更为突出快递垃圾问题中消费者方面的原因,具体实验材料如下:

企业失责组

2019 年,全国快递业务量达到 635.2 亿件,按 14 亿人口计算可知,平均每人使用 45 个快递。快递业繁荣的背后,是大量快递包装垃圾带来的环境污染之痛。

一方面,快递包装垃圾数量增大,很多快递过度包装。大部分快递公司由于经营利润、行业竞争等因素,绿色环保经营意识有所欠缺。为避免商品在运输过程中被损坏,造成争议和退货麻

---

[1] 2019 年我国游戏产业用户群体年轻化 [EB/OL]. (2019-11-12) [2020-06-09]. https://kuaibao.qq.com/s/20191112A049SK00?refer=cp_1026.

烦，快递公司在快递包装过程中"宁多勿少"，"里三层、外三层"加强防护，导致包装材料增加，而这些塑料泡沫、胶带等包装材料，大多难以降解。

另一方面，回收率低、循环利用难已成为快递包装绿色治理的难题。数据显示，在我国特大城市中，快递包装垃圾的增量已占到生活垃圾增量的93%，而实际的回收率却不足10%。究其原因，大多数快递企业不愿推行我国《电子商务法》中"快递物流服务提供者应考虑环保问题，按照规定使用环保包装材料，实现包装材料的减量化和再利用"的规定，也未鼓励快递员减少新包装的使用。此外，因回收成本过高，快递企业不愿投入人力物力进行回收再利用。

快递包装垃圾不再"围城"还需要快递企业付出更多的努力！

消费者失责组

2019年，全国快递业务量达到635.2亿件，按14亿人口计算可知，平均每人使用45个快递。快递业繁荣的背后，是大量快递包装垃圾带来的环境污染之痛。

一方面，快递包装垃圾量增大，很多快递过度包装。不少消费者经常冲动性购买、过度消费，促进了塑料袋、胶带等快递包装垃圾数量的增长。然而，很多消费者意识不到快递垃圾的环境成本，要求快递包装"宁多勿少"，"里三层、外三层"以加强防护，导致包装材料增加，而这些塑料泡沫、胶带等包装，大多难以降解。

另一方面，回收率低、循环利用难已成为快递包装绿色治理的难题。相关数据显示，在我国特大城市中，快递包装垃圾的增量已占到生活垃圾增量的93%，而实际的回收率却不足10%。究其原因，多数消费者并不清楚自己的快递包装物对环境的危害，也缺乏垃圾分类处理经验。拿到快递后，顺手将塑料包装袋和塑料填充物扔进垃圾桶。快递包装的回收与消费者习惯有着很大的关系，消费者的绿色环保意识薄弱也是当前快递垃圾回收率低、循环利用难的原因之一。

快递包装垃圾不再"围城"还需要消费者付出更多的努力！

采用单因素（CSI归因：企业失责 VS 消费者失责）被试间设计。通过Credamo平台发放实验问卷。首先，要求被试阅读一段引导语。其次，要求被试仔细阅读一则有关快递垃圾问题的新闻报道并回答后面的问题。再次，被试随机阅读一个情景材料，并完成操纵检验的两个题目：第一个问题为李克特量表（7级）题，询问被试谁应该对企业社会责任缺失事件中的受害者负责（1 = 企业的责任，7 = 消费者的责任）；第二个问题将快递垃圾污染环境中的企业责任和消费者责任分别赋值100分，邀请被试对企业责任和消费者责任进行责任分配。最后，填写个人性别、年龄和教育程度信息。认真完成的实验者均获得了一定的实验报酬。

2020年3月26日，来自Credamo平台数据集市的60名随机被试（女性26人，43.3%）完成了实验前测，分为两个组，每组30名被试。采用单因素方差分析（one - Way ANOVA）对CSI归因材料进行操控检验，以CSI归因为自变量，企业社会责任缺失责任归因得分、企业社会责任缺失责任分配中的企业失责得分和消费者失责得分为结果变量，结果显示，相较于企业失责组（M = 3.60，SD = 1.16），消费者失责组产生了更高的消费者失责（M = 4.43，SD = 1.04）[$F_{(1, 58)}$ = 8.562, $p < 0.01$]；相较于消费者失责组（M = 49.83，SD = 14.23），企业失责组在对企业社会责任缺失进行责任分配时，将更多的责任分配给企业（M = 61.33，SD = 15.37）[$F_{(1, 58)}$ = 9.045, $p < 0.01$]；相比于企业失责组（M = 38.93，SD = 15.46），消费者失责组在对企业社会责任缺失进行责任分配时，将更多的责任分配给消费者（M = 50.17，SD = 14.23）[$F_{(1, 58)}$ = 8.574, $p < 0.01$]。以上材料表明，研究对CSI归因的启动是成功的。

第三节　CSI 归因对消费者惩罚意愿和弥补意愿的影响

一、研究过程

本节内容将汇报 CSI 归因影响消费者响应意愿（惩罚意愿和弥补意愿）的主效应研究（本书将其简称为研究一），研究一的目的是考察 CSI 归因对消费者响应意愿的影响，以检验假设 H1 和假设 H2。研究一所使用的实验设计和启动材料同第二节中的 CSI 归因启动材料一样。首先，被试阅读指导语，明确问卷填写的匿名性和答案没有对错之分。其次，随机阅读一组与快递垃圾问题有关的新闻报道。再次，对消费者惩罚意愿、消费者弥补意愿的测量题项进行评价，所有题项均采用李克特量表（7级）进行评价。从次，回答操纵检验的两个题目。最后，填写人口统计信息。在测量过程中，消费者惩罚意愿的 4 个题项参考了安托内蒂和马克兰（Antonetti and Maklan, 2016c）[1] 以及罗玛尼、格拉皮和巴戈齐（Romani, Grappi and Bagozzi, 2013）[2] 的测量，分别为：我可能会向他人抱怨快递企业污染环境的问题；我打算参加反对快递企业的抗议活动；我会推荐人们减少使用快递；我会参与抵制快递企业污染环境的活动。消费者弥补意愿有 3 个题项（您是否愿意额外支付 10% 的费用给使用环保材料的快递包装？您是否愿意额外缴纳 10% 的费用来支持快递垃圾处理项目？您有多大可能每周多花 5 元钱以购买环境危害更小的产品？），其改编自拉罗什、伯杰龙和巴尔巴罗 - 富莱欧（Laroche, Bergeron and Barbaro - Forleo, 2001）[3]。两个构念的均值、标准差和 Cronbach's Alpha 值分别为：消费者惩罚意愿（M = 3.99, SD = 1.35, α = 0.792），消费者弥补意愿（M =

5.24，SD = 1.43，α = 0.877）。

研究一在 Credamo 平台数据集市招募了 268 名来自全国各地的随机被试（女性被试 121 名，45.1%），企业失责组 133 名被试（49.6%），消费者失责组 135 名被试（50.4%）。数据收集于 2020 年 3 月 26 日至 31 日进行。所有研究一被试人员统计信息见表 5-2。每位被试获得相应的报酬。

表 5-2 研究一被试人员统计信息   单位：%

教育程度		经济状况		年龄		性别	
高中及以下	3.7	一般	19.8	18—25 岁	36.9	男	54.9
大专	11.6	困难	3.4	26—30 岁	40.7		
大学本科	75.0	中等	48.5	31—40 岁	18.7		
硕士	9.0	较好	26.5	41—50 岁	3.4	女	45.1
博士	0.7	富裕	1.8	51—60 岁	0.3		

二、研究结果

（1）操纵检验

采用单因素方差分析对 CSI 归因启动材料进行操控检验，结果表明，相较于企业失责组（M = 3.59，SD = 1.52），消费者失责组呈现出更高的消费者失责（M = 4.87，SD = 1.38）[F（1，266）= 51.575，$p < 0.001$]；相较于消费者失责组（M = 42.13，SD = 16.78），企业失责组在对企业社会责任缺失进行责任分配时，将更多的责任分配给企业（M = 59.41，SD = 17.77）[F（1，266）= 66.953，$p < 0.001$]；相较于企业失责组（M = 40.58，SD = 17.77），消费者失责组在对企业社会责任缺失进行责任分配时，将更多的责任分配给消费者（M = 57.72，SD = 16.65）[F（1，266）= 66.401，$p < 0.001$]。这表明研究一中对 CSI 归因的启动是成功的。

（2）假设检验

通过单因素方差分析检验 CSI 归因对消费者响应意愿的影响。分析过程中，自变量为 CSI 归因（企业失责 VS 消费者失责），结果变量为消费者惩罚意愿和消费者弥补意愿。数据分析结果显示，两组被试在惩罚意愿和弥补意愿上具有显著差异。具体来讲，相较于消费者失责组（$M_{惩罚意愿}$ = 3.79，SD = 1.33），企业失责组表现出更高的惩罚意愿（$M_{惩罚意愿}$ = 4.15，SD = 1.35）[F（1，266）= 4.699，$p < 0.05$]，这表明 CSI 归因中企业失责越高，消费者惩罚意愿越强，这支持假设 H1（见图 5-1）；相较于企业失责组（$M_{弥补意愿}$ = 4.99，SD = 1.53），消费者失责组具有更高的弥补意愿（$M_{弥补意愿}$ = 5.48，SD = 1.28）[F（1，266）= 8.081，$p < 0.01$]，这说明 CSI 归因中消费者失责越高，其弥补意愿越强，这支持假设 H2（图 5-2）。

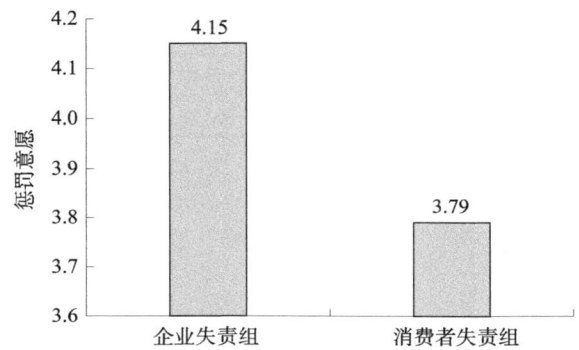

图 5-1　CSI 归因对消费者惩罚意愿的影响

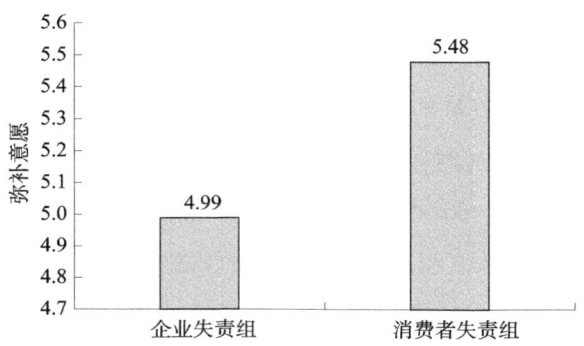

图 5-2　CSI 归因对消费者弥补意愿的影响

三、本节小结

研究一的目的是检验 CSI 归因对消费者响应意愿的影响。以企业环境责任缺失中的快递垃圾污染环境为企业社会责任缺失事件情境，首先设计了 CSI 归因（企业失责 VS 消费者失责）的启动材料，检验了 CSI 归因启动材料的有效性。其次检验了 CSI 归因对消费者响应意愿的影响，结果显示，CSI 归因中企业失责组对社会责任缺失的企业具有显著更高的惩罚意愿，CSI 归因中消费者失责组呈现出显著更高的弥补意愿，该结果支持假设 H1 和假设 H2，这表明 CSI 归因中的企业失责正向影响消费者惩罚意愿，消费者失责正向影响消费者弥补意愿。但是，研究一没有探讨 CSI 归因影响消费者响应意愿的作用机制和作用条件，也未对相关变量进行控制。因此，接下来的研究将会控制相关变量，并进行 CSI 归因影响消费者响应意愿的作用机制和作用条件研究。

注 释

[1] ANTONETTI P, MAKLAN S. Social identification and corporate irresponsibility: A model of stakeholder punitive intentions [J]. British Journal of Management, 2016, 27 (3): 583 – 605.

[2] ROMANI S, GRAPPI S, BAGOZZI R P. My anger is your gain, my contempt your loss: Explaining consumer responses to corporate wrongdoing [J]. Psychology and Marketing, 2013, 30 (12): 1029 – 1042.

[3] LAROCHE M, BERGERON J, BARBARO – FORLEO G. Targeting consumers who are willing to pay more for environmentally friendly products [J]. Journal of Consumer Marketing, 2001, 18 (6): 503 – 520.

第六章

道德情感、道德认同在 CSI 归因影响消费者 响应意愿中的 作用

第六章　道德情感、道德认同在 CSI 归因影响消费者响应意愿中的作用

在以往企业社会责任缺失影响消费者响应的作用机制和作用条件研究文献的基础上，通过第三章对愤怒和愧疚的中介作用以及道德认同的调节作用的假设推导，本书假设愤怒在 CSI 归因中的企业失责对消费者惩罚意愿的影响中起中介作用、愧疚在 CSI 归因中的消费者失责对消费者弥补意愿的影响中起中介作用，以及不同道德水平的消费者，其愤怒在企业失责对惩罚意愿的影响关系、愧疚在消费者失责对弥补意愿的影响关系中所具有的中介作用大小存在差异。本章将报告系列实证研究，两个研究继续采用实验法启动 CSI 归因，重复检验 CSI 归因对消费者响应意愿的影响，同时检验愤怒和愧疚的中介作用，以及检验蔑视、厌恶、羞耻和尴尬是否具有中介作用（研究二 A 和研究二 B）；另一个研究采用问卷调查法，以测量 CSI 归因中的企业失责和消费者失责以及研究模型中的其他构念并加入调节变量的测量，从而检验道德认同的调节作用（研究三），并增强研究结果的外部有效性。

第一节　愤怒和愧疚中介作用的实证研究

一、研究设计和程序

本节介绍了 CSI 归因影响消费者惩罚意愿和弥补意愿中愤怒和愧疚的中介作用的实证研究（以下简称研究二 A）。研究二 A 的目的在于检验 CSI 归因作用于消费者响应意愿的机制，以及考察愤怒和愧疚的中介作用，以检验假设 H3 和假设 H4。

采用单因素（CSI 归因：企业失责 VS 消费者失责）被试间设计；研

究二 A 中 CSI 归因的启动材料以及实验过程同研究一。问卷询问了被试是否使用过快递，所有被试均回答"是"。在对变量进行测量时，消费者惩罚意愿和消费者弥补意愿的测量同研究一，只是增加了中介变量愤怒和愧疚的测量。由于以往研究发现企业社会责任缺失严重性感知（简称 CSI 严重性感知）影响消费者对企业社会责任缺失的响应[1]，消费者个人特质中的社会公平价值观对企业社会责任缺失与消费者响应的关系具有影响作用[2]，所以在研究二 A 中对 CSI 严重性感知、社会公平价值观进行了控制。

愤怒的测量参考格拉皮、罗玛尼和巴戈齐（Grappi, Romani and Bagozzi, 2013）[2]由 3 个题项构成，即询问被试在阅读实验材料后会在多大程度上对企业产生生气、愤怒和恼怒的情感［采用李克特量表（7 级），1 = 非常微弱，7 = 非常强烈］。

愧疚的测量有 5 个题项，参考穆拉利德哈兰和希恩（Muralidharan and Sheehan, 2018）[3]、翁韦森、安托尼德斯和巴特尔斯（Onwezen, Antonides and Bartels, 2013）[4]，即要求被试回答阅读实验材料后，其作为快递消费者，会在多大程度上感到惭愧、后悔、懊悔、自责和歉意［采用李克特量表（7 级），1 = 非常微弱，7 = 非常强烈］。

CSI 严重性感知有 2 个题项，参考安托内蒂和马克兰（Antonetti and Maklan, 2016a）[5]。题项内容为：快递垃圾污染环境（1 = 微小的错误，7 = 很大的错误）；快递垃圾污染环境造成的伤害（1 = 轻微的伤害，7 = 严重的伤害）。

社会公平价值观的测量参考了谢、巴戈齐和格伦豪格（Xie, Bagozzi and Grønhaug, 2015）[6]的 3 个题项。题项内容为：纠正社会上的不公平对我而言是重要的；关心弱势群体对我而言是重要的；每个人都应该关心大自然，保护环境对我来说相当重要。

研究二 A 的数据收集在 2020 年 5 月 22—26 日进行，通过 Credamo 平台数据集市招募了 240 名来自全国各地的随机被试（女性被试 115 名，47.9%），分为两个组，每组 120 名。被试的人员统计信息见表 6 - 1。每位被试均获得了相应的报酬。

表6-1 研究二A被试人员统计信息   单位:%

教育程度		经济状况		年龄		性别	
高中及以下	4.2	一般	23.3	18—25岁	36.3	男	52.1
大专	12.9	困难	2.9	26—30岁	32.9		
大学本科	73.3	中等	53.0	31—40岁	26.2		
硕士	8.8	较好	20.0	41—50岁	2.5	女	47.9
博士	0.8	富裕	0.8	51—60岁	1.7		
—	—	—	—	60岁以上	0.4		

这些构念的测量具有较好的内部一致性信度。它们的均值、标准差和Cronbach's Alpha值分别为：惩罚意愿（$M=3.75$，$SD=1.25$，$\alpha=0.798$），弥补意愿（$M=5.03$，$SD=1.38$，$\alpha=0.848$），愤怒（$M=3.67$，$SD=1.44$，$\alpha=0.922$），愧疚（$M=4.46$，$SD=1.47$，$\alpha=0.942$），CSI严重性感知（$M=5.61$，$SD=1.09$，$\alpha=0.806$），社会公平价值观（$M=5.78$，$SD=0.93$，$\alpha=0.796$）。

二、研究结果

（1）操纵检验

采用单因素方差分析对CSI归因进行操控检验，数据显示，相较于企业失责组（$M=3.64$，$SD=1.46$），消费者失责组表现出更高的消费者失责（$M=4.14$，$SD=1.27$）[$F(1,238)=8.037$，$p<0.01$]；相较于消费者失责组（$M=51.46$，$SD=14.49$），企业失责组在对企业社会责任缺失进行责任分配时，将更多的责任分配给企业（$M=60.18$，$SD=16.49$）[$F(1,238)=18.966$，$p<0.001$]，相较于企业失责组（$M=39.73$，$SD=16.49$），消费者失责组在对企业社会责任缺失进行责任分配时，将更多的责任分配给消费者（$M=48.54$，$SD=14.49$）[$F(1,238)=19.332$，$p<0.001$]，这说明研究二A中对CSI归因的启动是成功的。

(2) 假设检验

运用单因素方差分析检验 CSI 归因对消费者响应意愿的作用。在 SPSS21.0 中,自变量为 CSI 归因(企业失责 VS 消费者失责),结果变量为消费者惩罚意愿和消费者弥补意愿。通过分析发现两组被试的消费者响应意愿具有显著差异。具体来讲,相较于消费者失责组($M_{惩罚意愿}$ = 3.52,SD = 1.19),企业失责组呈现出更高的惩罚意愿($M_{惩罚意愿}$ = 3.98,SD = 1.27)[$F(1, 238) = 8.129$,$p < 0.01$],这表明在 CSI 归因中,相较于消费者失责,企业失责可产生更高的对企业的惩罚意愿,从而再次支持了假设 H1(见图 6-1);相较于企业失责组($M_{弥补意愿}$ = 4.85,SD = 1.36),消费者失责组具有更高的弥补意愿($M_{弥补意愿}$ = 5.21,SD = 1.37)[$F(1, 238) = 4.174$,$p < 0.05$],从而说明在 CSI 归因中,相较于企业失责,消费者失责产生更高的弥补意愿,再次支持了假设 H2(见图 6-2)。

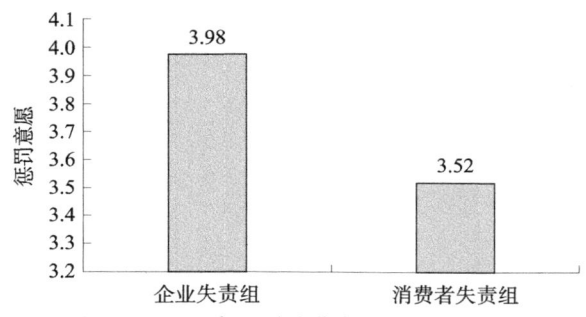

图 6-1　CSI 归因对消费者惩罚意愿的影响

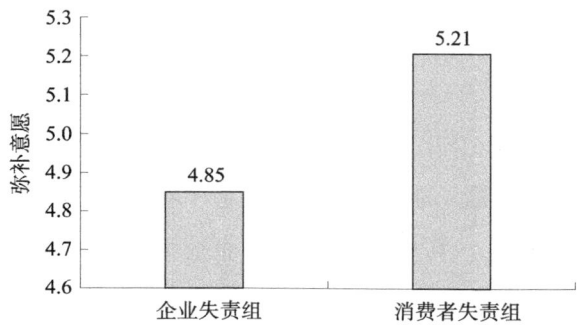

图 6-2　CSI 归因对消费者弥补意愿的影响

通过方差分析检验 CSI 归因对愤怒和愧疚的影响。结果显示，相较于消费者失责组（$M_{消费者失责愤怒}=3.38$，$SD=1.48$），企业失责组表现出显著更高的愤怒（$M_{企业失责愤怒}=3.96$，$SD=1.34$）[$F(1, 238)=10.091$，$p<0.01$]；相较于企业失责组（$M_{企业失责愧疚}=4.19$，$SD=1.41$），消费者失责组表现出显著更高的愧疚（$M_{消费者失责愧疚}=4.72$，$SD=1.48$）[$F(1, 238)=8.052$，$p<0.01$]。采用海耶斯（Hayes，2017）[7]提出的 Bootstrap 方法及程序进行多个并列中介效应检验。运用 PROCESS v3.4，选择模型 4，将 CSI 归因（企业失责 VS 消费者失责）设置为自变量、愤怒和愧疚同时设置为中介变量、消费者惩罚意愿和消费者弥补意愿分别为因变量，CSI 严重性感知、社会公平价值观、性别、年龄、教育、经济状况为控制变量；样本量选择 5000，置信区间为 95%。当因变量为消费者惩罚意愿时，愤怒显著地中介了 CSI 归因与消费者惩罚意愿的关系（$B=0.3263$，LLCI $=0.0795$，ULCI $=0.3543$），效应大小为 0.2032；愧疚也呈现出显著的中介作用（$B=0.2045$，LLCI $=-0.1786$，ULCI $=-0.0152$），效应大小为 -0.0874。这表明，愤怒在 CSI 归因对消费者惩罚意愿的影响中有显著的中介作用，支持假设 H3。同时表明，CSI 归因对消费者惩罚意愿的影响也受到愧疚的中介。当因变量为消费者弥补意愿时，愧疚显著地中介了 CSI 归因与消费者弥补意愿的关系（$B=0.2504$，LLCI $=-0.2142$，ULCI $=-0.0168$），效应大小为 -0.1070；愤怒并未呈现出显著的中介作用（$B=0.0078$，LLCI $=-0.0787$，ULCI $=0.0881$），效应大小为 0.0048。这表明，愧疚显著地中介了 CSI 归因对消费者弥补意愿的影响，支持假设 H4。

（3）研究小结

研究二 A 旨在检验愤怒和愧疚在 CSI 归因对消费者响应意愿影响关系中的中介作用。研究结果重复验证了 CSI 归因对消费者响应意愿影响的主效应，表明 CSI 归因中企业失责越高，消费者惩罚企业的意愿越强；消费者失责越高，消费者弥补意愿越强。研究结果还表明，CSI 归因通过愤怒和愧疚来影响消费者惩罚意愿，而仅通过愧疚影响消费者弥补意愿。在假设 H3 中,本书假设 CSI 归因中的企业失责是通过愤怒影响消费者的惩罚意愿,研究二 A 中介效应检验的结果表明,愧疚在 CSI 归因对消费者惩罚意愿的影响中也具有中介作用。本书认为这可能是因为消费者感知到 CSI 归因中消费者失责后产生愧疚,基于道德推脱和自利原则而把更多的责任推给了企业,因而对企业产生了惩罚意愿,也就是说可能存在消费者失责影响愧疚,进而影响消费者惩罚意愿的关系路径。在接下来的研究中,本书探索把愧疚作为控制变量,检验愤怒在 CSI 归因影响消费者惩罚意愿关系中的中介作用是否依然显著。此外,由于研究一和研究二 A 采用了操纵自变量 CSI 归因的方法,为了实现更好的外部效度,并检验研究理论模型的一般适用性,本书在后续将采用问卷调查法,以进行假设检验。

第二节 蔑视、厌恶、羞耻和尴尬中介作用的实证研究

本节将检验 CSI 归因影响消费者惩罚意愿和弥补意愿中蔑视、厌恶、羞耻和尴尬是否存在中介作用(以下简称研究二 B)。因谢、巴戈齐和格伦豪格(Xie,Bagozzi and Grønhaug,2015)发现消费者企业社会责任缺失影响消费者愤怒、蔑视和厌恶,进而影响消费者响应[6],故研究二 B 旨在检验蔑视和厌恶是否在 CSI 归因对消费者惩罚意愿的影响中起中介作用,以及羞耻和尴尬是否在 CSI 归因对消费者弥补意愿的影响中起中介作用。2022 年 5 月在 Credamo 平台数据集市中招募了 113 名有效参与者(企业失责组 55 名),实验设计和实验过程同研究二 A,但额外增加了蔑视、厌恶、羞耻和尴尬的测量。借鉴谢、巴戈齐和格伦豪格(Xie,Bagozzi and Grønhaug,2015)[6],设计了蔑视 3 个题项(轻蔑、藐视、蔑视)(M = 2.86,SD = 1.48,α = 0.930)、厌恶 3 个题项(憎恶、厌恶、反感)(M = 3.35,SD = 1.63,α = 0.918)。借鉴莫舍和怀特(Mosher and White,

1981)[8]，设计了羞耻 3 个题项（羞耻、丢脸、不光彩）（M = 4.01，SD = 1.51，α = 0.910）、尴尬 3 个题项（尴尬、难为情、窘迫）（M = 4.27，SD = 1.41，α = 0.827）。

以 CSI 归因为自变量、消费者惩罚意愿和消费者弥补意愿为结果变量的单因素方差分析显示，企业失责组（$M_{惩罚意愿}$ = 4.72，SD = 1.19）比消费者失责组具有相对更高的惩罚意愿（$M_{惩罚意愿}$ = 3.83，SD = 1.39）[F (1，111) = 13.437，$p < 0.001$]，支持假设 H1；消费者失责组（$M_{弥补意愿}$ = 5.73，SD = 1.09）比企业失责组表现出相对更高的弥补意愿（$M_{弥补意愿}$ = 5.11，SD = 1.26）[F (1，111) = 7.681，$p < 0.01$]，支持假设 H2。

采用与研究二 A 相同的中介检验方法来检验愤怒、蔑视和厌恶以及愧疚、羞耻和尴尬的中介作用。数据分析结果显示，愤怒在 CSI 归因对消费者惩罚意愿的影响中具有显著的中介作用（B = 0.2877，LLCI = -0.8403，ULCI = -0.0903），效应大小为 -0.4102；蔑视不具有显著的中介作用（B = 0.0534，LLCI = -0.3278，ULCI = 0.1750），效应大小为 -0.0600；厌恶的中介作用不显著（B = 0.1348，LLCI = -0.5689，ULCI = 0.2798），效应大小为 -0.1816，支持假设 H3。愧疚在 CSI 归因对消费者弥补意愿的影响中存在显著的中介作用（B = 0.3159，LLCI = -0.0035，ULCI = 0.4406），效应大小为 0.1796；羞耻的中介作用不显著（B = 0.0049，LLCI = -0.1177，ULCI = 0.0779），效应大小为 0.0000；尴尬不存在显著的中介作用（B = -0.1879，LLCI = -0.0892，ULCI = 0.2127），效应大小为 0.0295，支持假设 H4。研究二 B 的结果表明，蔑视、厌恶、羞耻和尴尬在 CSI 归因影响消费者惩罚意愿和弥补意愿的过程中不具有显著的中介作用。

第三节　道德认同调节作用的实证研究

本书将道德认同在 CSI 归因影响消费者响应意愿中的调节作用研究称

为研究三。研究三采用未经操纵的企业社会责任缺失信息，并使用问卷调查法进行数据收集，目的在于：①在研究一、研究二 A 和研究二 B 的基础上，检验整体研究理论模型的一般适用性。采用未经操纵的企业社会责任缺失信息，以及问卷调查法，重复检验 CSI 归因中企业失责对消费者惩罚意愿的影响、消费者失责对消费者弥补意愿的影响以及愤怒和愧疚的中介作用。②检验理论模型中道德认同的调节作用。本书增加了对调节变量道德认同的测量，以检验 CSI 归因作用于消费者响应意愿的作用条件。

一、构念测量

研究三采用以往文献中的成熟量表对理论模型中的各个构念进行测量。所有构念的测量均使用李克特量表（7 级）。CSI 归因具体体现为企业失责和消费者失责的测量。企业失责的测量有 3 个题项（1 = 非常不同意，7 = 非常同意），改编自安托内蒂和马克兰（Antonetti and Maklan，2016a）[5]，雷、达瓦尔和居尔汉－坎利（Lei，Dawar and Gürhan－Canli，2012）[9]。这 3 个题项分别为：快递包装垃圾带来的环境污染应归咎于快递公司；快递公司应对快递包装垃圾带来的环境污染负责任；快递包装垃圾带来的环境污染责任在快递公司。消费者失责的测量改编自沙伊德勒和埃丁格尔－肖恩斯（Scheidler and Edinger－Schons，2020）[10]的 3 个题项（1 = 非常不同意，7 = 非常同意），分别为：我的消费习惯为快递垃圾污染环境的产生奠定了基础；我的需求和需要对快递垃圾污染环境负有部分责任；如果我改变快递垃圾回收习惯，则可以减少快递垃圾污染环境情况的产生。道德认同借用阿基诺和里德（Aquino and Reed，2002）[11]的 5 个题项。填写问卷过程中，被试先阅读一段文字说明，然后对 5 个语句进行评价：如果能成为具有以上特征的人，我会感觉较好；以上特征部分地反映了真正的我；成为一个有以上特征的人，我会感到羞愧（反向编码）；对我来说，拥有这些特征并不重要（反向编码）；我强烈希望拥有以上特征。愤怒、愧疚、惩罚意愿、弥补意愿、CSI 严重性感知和社会公平价值观的测量同研究二。

二、预调研

预调研的目的是检验理论模型中各变量所使用测量量表的信效度。2020 年 5 月 13 日，来自 Credamo 平台数据集市的 120 名随机被试（女性 61 名，50.8%）参加了预调研，所有完成预调研的被试均获得了一定的报酬。

本书对所获得的 120 个有效样本数据使用 Amos21.0 软件对企业失责、消费者失责、愤怒、愧疚、消费者惩罚意愿、消费者弥补意愿进行了验证性因子分析。预调研数据显示，所使用测量量表具有良好的信度和效度。具体而言，分析结果显示，测量模型与数据具有良好的拟合度（Chi-square = 285.881，df = 174，CMIN/DF = 1.643，RMSEA = 0.074，CFI = 0.943，TFI = 0.931，IFI = 0.944）。表 6-2 呈现了各个题项的标准化因子载荷及相关参数。从表 6-3 可以看出，所有构念均具有良好的组合信度（Construct Reliabilities，CR 值），均高于 0.7，平均方差提取量（Average Variance Extracted，AVE 值）均高于 0.5（Malhotra，Birks and Wills，2012）。[12]因此，用于测量这些构念的题项具有良好的收敛效度（Convergent Validity）。此外，构念间的相关系数呈正相关。各构念 AVE 值的平方根均大于该构念与其他构念的相关系数，这表明构念测量具有良好的区分效度（Discriminant Validity）（Fornell and Larcker，1981）[13]。

表 6-2 预调研各构念的验证性因子分析

构念	题项	B	S.E.	C.R.	P
企业失责	快递包装垃圾带来的环境污染是快递公司的错	0.855	—	—	—
	快递公司应对快递包装垃圾带来的环境污染负责任	0.865	0.091	11.053	<0.001
	快递包装垃圾带来的环境污染应归咎于快递公司	0.813	0.088	10.296	<0.001

续表

构念	题项	B	S. E.	C. R.	P
愤怒	恼怒	0.930	—	—	—
	愤怒	0.960	0.051	20.378	<0.001
	生气	0.902	0.053	16.928	<0.001
消费者失责	我的消费习惯为快递垃圾污染环境的产生奠定了基础	0.839	—	—	—
	我的需求和需要对快递垃圾污染环境负有部分责任	0.825	0.167	6.613	<0.001
	如果我改变快递垃圾回收习惯,就可以减少快递垃圾污染环境情况的产生	0.508	0.112	5.087	<0.001
愧疚	惭愧	0.902	—	—	—
	后悔	0.922	0.061	16.599	<0.001
	懊悔	0.888	0.068	15.035	<0.001
	自责	0.944	0.063	17.780	<0.001
	歉意	0.892	0.070	15.219	<0.001
消费者惩罚意愿	我会参与抵制快递企业污染环境的活动	0.775	—	—	—
	我会推荐人们减少使用快递	0.628	0.126	6.681	<0.001
	我打算参加反对快递企业的抗议活动	0.789	0.118	8.530	<0.001
	我可能会向他人抱怨快递企业污染环境的问题	0.801	0.112	8.654	<0.001
消费者弥补意愿	您是否愿意额外支付10%的费用以使用环保材料的快递包装	0.911	—	—	—
	您是否愿意额外缴纳10%的税收来支持快递垃圾处理项目	0.934	0.082	13.038	<0.001
	您有多大可能每周多花5元钱以购买环境危害更小的产品	0.681	0.076	8.774	<0.001

表 6-3　预调研各构念 AVE 值与相关系数

	CR	AVE	企业失责	愤怒	消费者失责	愧疚	消费者惩罚意愿	消费者弥补意愿
1	0.882	0.714	0.845					
2	0.951	0.867	0.566***	0.931				
3	0.777	0.548	0.116	0.093	0.740			
4	0.960	0.828	0.312**	0.452***	0.319**	0.910		
5	0.837	0.564	0.577***	0.575***	0.225*	0.507***	0.751	
6	0.885	0.723	0.095	0.096	0.188	0.234*	0.323**	0.850

注：1 = 企业失责，2 = 愤怒，3 = 消费者失责，4 = 愧疚，5 = 消费者惩罚意愿，6 = 消费者弥补意愿。* 指 $p<0.050$，** 指 $p<0.010$，*** 指 $p<0.001$，对角线为 AVE 值的平方根。

三、正式调研

（1）数据收集

正式调研于 2020 年 5 月下旬进行，笔者对来自 Credamo 平台数据集市的 423 名被试进行了调研，其中，女性被试 213 人，占比为 50.4%。每位被试均获得了相应的报酬。正式调研的问卷包含导语、快递使用经验、关于快递垃圾污染环境问题的文本材料、各构念的测量以及人口统计信息，详细问卷见附录三。

（2）统计方法

本书使用 SPSS21.0 软件进行描述统计分析，各构念均值和标准差见表 6-4。

表 6-4　构念均值和标准差

构念	最小值	最大值	均值	标准差
企业失责	1.00	7.00	3.66	1.25
消费者失责	2.00	7.00	5.62	0.92
愤怒	1.00	7.00	3.60	1.47
愧疚	1.00	7.00	4.12	1.47

续表

构念	最小值	最大值	均值	标准差
消费者惩罚意愿	1.00	7.00	3.40	1.25
消费者弥补意愿	1.00	7.00	4.62	1.56
道德认同	2.80	7.00	5.73	0.87
CSI 严重性感知	1.00	7.00	5.33	1.11
社会公平价值观	2.00	7.00	5.76	0.91

(3) 信效度分析

本书使用 AMOS21.0 软件对正式调研数据进行验证性因子分析。从表 6-5 可以看出，构念的 CR 值为 0.732 至 0.941，AVE 值为 0.532 至 0.843，分别高于 0.7 和 0.5（Malhotra, Birks and Wills, 2012）[12]，这表明用于测量这些构念的题项具有良好的收敛效度（Convergent Validity）。表 6-5 对角线上各构念 AVE 值的平方根均大于该构念与其他构念的相关系数，这说明本书中的构念测量具有良好的区分效度（Discriminant Validity）[13]。

表 6-5 正式调研的 CR、AVE 值和构念间的相关系数

	CR	AVE	1	2	3	4	5	6	7	8	9
1	0.843	0.644	0.802								
2	0.941	0.843	0.501***	0.918							
3	0.732	0.578	-0.123*	0.09	0.760						
4	0.933	0.736	0.262***	0.367***	0.271***	0.858					
5	0.769	0.626	0.434***	0.569***	0.160*	0.574***	0.791				
6	0.860	0.672	0.036	0.230***	0.284***	0.483***	0.372***	0.819			
7	0.771	0.532	-0.134*	-0.077	0.404***	0.164**	-0.085	0.169**	0.729		
8	0.803	0.578	0.07	0.111*	0.324***	0.305***	0.235***	0.244***	0.474***	0.760	
9	0.832	0.712	0.099	0.187***	0.393***	0.373***	0.364***	0.357***	0.358***	0.470***	0.844

注：1 = 企业失责，2 = 愤怒，3 = 消费者失责，4 = 愧疚，5 = 消费者惩罚意愿，6 = 消费者弥补意愿，7 = 道德认同，8 = 社会公平价值观，9 = CSI 严重性感知。* 指 $p < 0.050$，** 指 $p < 0.010$，*** 指 $p < 0.001$，对角线上的数值为 AVE 值的平方根，对角线下方的数字为构念间的相关系数。测量模型与数据的拟合指数：Chi-square = 546.407, df = 262, CMIN/DF = 2.086, RMSEA = 0.051, CFI = 0.957, TLI = 0.947, IFI = 0.957。

(4) 同源误差

波德萨科夫等（Podsakoff, et al., 2003）认为，由同一个被试填写调研问卷可能会出现同源误差（Common Method Bias）问题[14]，而同源误差会影响数据的效度或模型检验。利用程序控制和统计控制，本书对研究数据中可能存在的同源误差问题进行了控制和检验。

程序控制是研究人员在研究设计和测量的过程中通过设计不同类型的调研题目对变量进行测量、对问题呈现顺序进行平衡，通过以上措施进行控制（Podsakoff, et al., 2003）[14]。本书在调研开始的说明部分即向被试表明了调研的匿名性，并告知被试依据其真实的想法、感受或看法回答所有问题，且答案没有对错之分，他们的回答也将被保密。此外，调研问卷中使用了矩阵量表题、矩阵单选题、单选题等多种题型，并设置了注意力测试题。同时，在矩阵量表题中，题项是按随机顺序进行呈现，每个被试看到的是不同的题项顺序。

此外，运用Harman单因子检验法，本书对所有构念题项进行了探索性因子分析。如果未旋转之前的第一个因子方差解释率超过50%，则意味着同源误差问题严重。本书对所有构念（企业失责、消费者失责、愤怒、愧疚、消费者惩罚意愿、消费者弥补意愿、道德认同、社会公平价值观和CSI严重性感知）进行了单因子检验。结果显示，第一个因子的方差解释率为32.228%，小于50%，这说明数据的同源误差处于可接受范围之内。另外，本书还检验了构念间的相关系数，从表6-5可见构念间的相关系数值均小于0.9，这表明数据的同源误差不明显。因此，根据上述多种控制方法的结果可知，本次调研数据不存在严重的同源误差问题，可以用于后续研究。

(5) 假设检验

1）企业失责和消费者失责对消费者惩罚意愿及消费者弥补意愿的影响

本书使用SPSS21.0软件进行了假设H1和假设H2的检验。以企业失责、消费者失责分别为自变量，以消费者惩罚意愿或消费者弥补意愿为结果变量，以性别、年龄、教育程度、财务状况、社会公平价值观和 CSI 严重性感知为控制变量，进行回归分析。从表 6-6 可以看出，企业失责对消费者惩罚意愿影响的回归分析结果显示，调整后的 R^2 为 0.207，企业失责的标准化回归系数为 0.326，$p<0.001$，这表明企业失责对消费者惩罚意愿存在显著的正向影响；企业失责对消费者弥补意愿影响的回归分析结果显示，调整后的 R^2 为 0.219，企业失责的标准化回归系数为 0.003，$p=0.953$，这表明企业失责对消费者弥补意愿的影响不显著。消费者失责对消费者惩罚意愿影响的回归分析结果显示，调整后的 R^2 为 0.103，消费者失责的标准化回归系数为 0.027，$p=0.584$，即消费者失责对消费者惩罚意愿的影响不显著；消费者失责对消费者弥补意愿影响的回归分析结果显示，调整后的 R^2 为 0.236，消费者失责的标准化回归系数为 0.142，$p<0.01$，这表明消费者失责对消费者弥补意愿具有显著的正向影响（见表 6-7）。

此外，本书还以企业失责和消费者失责为自变量，以消费者惩罚意愿或消费者弥补意愿为结果变量，以性别、年龄、教育程度、财务状况、社会公平价值观和 CSI 严重性感知为控制变量，进行回归分析。结果变量为消费者惩罚意愿时，调整后的 R^2 为 0.209，企业失责的标准化回归系数为 0.331，$p<0.001$，消费者失责的标准化回归系数为 0.062，$p=0.187$，这表明企业失责对消费者惩罚意愿存在显著的正向影响，而消费者失责对消费者惩罚意愿的影响不显著。因此，假设 H1 得到验证。结果变量为消费者弥补意愿时，调整后的 R^2 为 0.235，企业失责的标准化回归系数为 0.016，$p=0.714$，消费者失责的标准化回归系数为 0.144，$p<0.01$，这表明消费者失责显著正向影响消费者弥补意愿。因此，假设 H2 得到验证。

表6-6　企业失责对消费者惩罚意愿及消费者弥补意愿的影响的回归分析结果

变量		因变量：消费者惩罚意愿			因变量：消费者弥补意愿		
		回归系数	标准化回归系数	显著性	回归系数	标准化回归系数	显著性
控制变量	年龄	0.276	0.169	0.000	0.400	0.197	0.000
	性别	0.016	0.006	0.886	-0.096	-0.031	0.481
	教育程度	0.039	0.016	0.715	-0.099	-0.033	0.446
	经济状况	0.027	0.025	0.595	0.296	0.221	0.000
	CSI 严重性感知	0.254	0.225	0.000	0.352	0.251	0.000
	社会公平价值观	0.062	0.045	0.342	0.170	0.099	0.036
自变量	企业失责	0.327	0.326	0.000	0.003	0.003	0.953
		$R^2=0.221$，调整后的 $R^2=0.207$，$F=16.774$，$p<0.001$			$R^2=0.232$，调整后的 $R^2=0.219$，$F=17.869$，$p>0.05$		

表6-7　消费者失责对消费者惩罚意愿和消费者弥补意愿的影响的回归分析结果

变量		因变量：消费者惩罚意愿			因变量：消费者弥补意愿		
		回归系数	标准化回归系数	显著性	回归系数	标准化回归系数	显著性
控制变量	年龄	0.276	0.169	0.001	0.411	0.203	0.000
	性别	-0.060	-0.024	0.609	-0.116	-0.037	0.387
	教育程度	0.045	0.019	0.689	-0.062	-0.021	0.632
	经济状况	0.012	0.011	0.826	0.286	0.214	0.000
	CSI 严重性感知	0.283	0.251	0.000	0.307	0.219	0.000
	社会公平价值观	0.079	0.057	0.265	0.129	0.075	0.111
自变量	消费者失责	0.037	0.027	0.584	0.240	0.142	0.002
		$R^2=0.117$，调整后的 $R^2=0.103$，$F=7.888$，$p>0.05$			$R^2=0.249$，调整后的 $R^2=0.236$，$F=19.670$，$p<0.01$		

2) 愤怒和愧疚的中介作用

本书采用海耶斯（Hayes, 2017）[7]提出的中介效应检验方法，以及 Bootstrap 方法及程序进行中介效应检验。在检验愤怒的中介作用时，其具体模型设置为：运用 PROCESS v3.4，选取 Model 4，95% 的置信区间，样本量选择 5000，以企业失责为自变量，愤怒为中介变量，消费者惩罚意愿和消费者弥补意愿分别为结果变量，性别、年龄、教育程度、财务状况、社会公平价值观、CSI 严重性感知和愧疚为控制变量。当结果变量为消费者惩罚意愿时，分析结果显示，愤怒在企业失责对消费者惩罚意愿的影响中所起的中介作用显著（B = 0.2599，LLCI = 0.0720，ULCI = 0.1637），效应大小为 0.1148；当结果变量为消费者弥补意愿时，愤怒对企业失责和消费者弥补意愿的关系不具有中介作用（B = 0.0621，LLCI = -0.0208，ULCI = 0.0750）。因此，假设 H3 得到验证。

在检验愧疚的中介作用时，同样运用 PROCESS v3.4，选取 Model 4，95% 的置信区间，样本量选择 5000，以消费者失责为自变量，愧疚和愤怒为中介变量，消费者惩罚意愿和消费者弥补意愿分别为结果变量，性别、年龄、教育程度、财务状况、社会公平价值观、CSI 严重性感知为控制变量。当结果变量为消费者惩罚意愿时，分析结果显示，愧疚在消费者失责对消费者惩罚意愿的影响中具有显著的中介作用（B = 0.2674，LLCI = 0.0097，ULCI = 0.948），效应大小为 0.0487；愤怒的中介作用不显著（LLCI = -0.0305，ULCI = 0.0735）。这表明愧疚在消费者失责对消费者惩罚意愿的影响中具有中介作用，即存在消费者失责通过愧疚影响消费者惩罚意愿的关系路径。当结果变量为消费者弥补意愿时，分析结果显示，愧疚在消费者失责对消费者弥补意愿的影响中具有显著的中介作用（B = 0.3052，LLCI = 0.0103，ULCI = 0.1080），效应大小为 0.0556；愤怒的中介作用不显著（LLCI = -0.0086，ULCI = 0.0155）。这表明消费者失责通过愧疚影响消费者弥补意愿。因此，假设 H4 得到验证。

3）道德认同的调节作用

本书采用海耶斯（Hayes，2017）[7]提出的有调节的中介效应分析方法检验道德认同的调节作用。运用 PROCESS v3.4，选取 Model 7，95% 的置信区间，样本量选择 5000，以企业失责为自变量，愤怒为中介变量，消费者惩罚意愿为结果变量，道德认同为调节变量，性别、年龄、教育程度、财务状况、社会公平价值观、CSI严重性感知和愧疚为控制变量，进行有调节的中介分析。道德认同是连续变量，在PROCESS分析过程中，本书选取把道德认同均值减一个标准差和加一个标准差来进行低值和高值的区分。分析结果显示，当道德认同低（-1SD）时，企业失责通过愤怒影响消费者惩罚意愿的中介效应大小为0.0806，95%的置信区间为[0.0340, 0.1327]，不包含0，这表明此时愤怒的中介效应显著；当道德认同高（+1SD）时，企业失责通过愤怒影响消费者惩罚意愿的中介效应大小为0.1378，95%的置信区间为[0.0827, 0.2009]，不包含0，这表明此时愤怒的中介效应也显著。根据不同道德认同下愤怒中介效应的大小可以看出，与假设H5一致，相较于道德认同低时，在道德认同高的情况下，愤怒在企业失责对消费者惩罚意愿的影响中所起的中介作用更大。

运用PROCESS v3.4，选取Model 7，95%的置信区间，样本量选择5000，以消费者失责为自变量，愧疚为中介变量，消费者弥补意愿为结果变量，性别、年龄、教育程度、财务状况、社会公平价值观、CSI严重性感知和愤怒为控制变量，道德认同为调节变量，进行有调节的中介分析。结果显示，当道德认同低（-1SD）时，愧疚在消费者失责对消费者弥补意愿的影响中不具有显著的中介效应，95%的置信区间为[-0.0093, 0.1010]，包含0；当道德认同高（+1SD）时，愧疚在消费者失责对消费者弥补意愿的影响中具有显著的中介效应，效应大小为0.0672，95%的置信区间为[0.0011, 0.1406]，不包含0。这表明只有在道德认同高的情况下，愧疚在消费者失责与消费者弥补意愿之间关系所起的中介作用才会显著。因此，假设H6得到验证。

四、本节小结

研究三旨在重复检验CSI归因对消费者响应意愿的影响及愤怒和愧疚的中介作用，其通过测量CSI归因中的企业失责和消费者失责，增加了道德认同的测量及其调节作用的检验,检验了 CSI 归因中企业失责和消费者失责对消费者惩罚意愿和消费者弥补意愿的影响及其影响机制和作用条件,从而增强了研究模型的外部效度和一般适用性。

研究三发现,CSI 归因中的企业失责对消费者惩罚意愿具有显著的正向影响;愤怒在 CSI 归因中的企业失责对消费者惩罚意愿的影响中具有中介作用;CSI 归因中的消费者失责对消费者弥补意愿具有显著的正向影响,即消费者失责越高,消费者弥补意愿越强;愧疚在 CSI 归因中的消费者失责对消费者弥补意愿的影响中具有中介作用;道德认同高时,愤怒在 CSI 归因中的企业失责与消费者惩罚意愿之间关系所起的中介作用较大、愧疚对 CSI 归因中的消费者失责与消费者弥补意愿之间关系所起的中介作用显著。这些发现为本书 CSI 归因中的企业失责和消费者失责影响消费者响应意愿(对责任缺失企业的惩罚意愿和弥补意愿)及作用机制提供了依据,也验证了道德认同的调节作用。此外,研究三在检验愧疚对 CSI 归因中的消费者失责影响消费者响应意愿的中介作用过程中发现,愧疚在消费者失责对消费者惩罚意愿的影响中具有中介作用,该发现为研究二 A 的讨论部分针对愧疚中介了 CSI 归因对消费者惩罚意愿的影响的解释提供了支持。

至此,在 CSI 归因的探索性研究的基础上,本书通过三个实验研究和一个问卷调查研究对第三章中提出的 6 个假设完成了检验,具体检验结果见表 6-8。

表 6-8 本书研究假设的检验结果

假设编号	假设内容	检验结果
H1	CSI 归因中的企业失责越高,则消费者对企业的惩罚意愿越强	支持
H2	CSI 归因中的消费者失责越高,则消费者对企业的弥补意愿越强	支持
H3	愤怒在 CSI 归因中的企业失责对消费者惩罚意愿的影响中起中介作用,即 CSI 归因中的企业失责通过愤怒对消费者惩罚意愿产生正向影响	支持
H4	愧疚在 CSI 归因中的消费者失责对消费者弥补意愿的影响中起中介作用,即 CSI 归因中的消费者失责通过愧疚对消费者弥补意愿产生正向影响	支持

续表

假设编号	假设内容	检验结果
H5	与道德认同低时相比，在道德认同高的情况下，愤怒在CSI归因中的企业失责与消费者惩罚意愿之间所起的中介作用较大	支持
H6	与道德认同低时相比，在道德认同高的情况下，愧疚在CSI归因中的消费者失责与消费者弥补意愿之间所起的中介作用较大	支持

注　释

[1] ANTONETTI P, MAKLAN S. Identity bias in negative word of mouth following irresponsible corporate behavior: A research model and moderating effects [J]. Journal of Business Ethics, 2016 (3): 1-19.

[2] GRAPPI S, ROMANI S, BAGOZZI R P. Consumer response to corporate irresponsible behavior: Moral emotions and virtues [J]. Journal of Business Research, 2013, 66 (10): 1814-1821.

[3] MURALIDHARAN S, SHEEHAN K. The role of guilt in influencing sustainable pro-environmental behaviors among shoppers: Differences in response by gender to messaging about England's plastic bag levy [J]. Journal of Advertising Research, 2018, 58 (3): 349-362.

[4] ONWEZEN M C, ANTONIDES G, BARTELS J. The norm activation model: An exploration of the functions of anticipated pride and guilt in pro-environmental behaviour [J]. Journal of Economic Psychology, 2013 (39): 141-153.

[5] ANTONETTI P, MAKLAN S. An extended model of moral outrage at corporate social irresponsibility [J]. Journal of Business Ethics, 2016, 135 (3): 429-444.

[6] XIE C, BAGOZZI R P, GRØNHAUG K. The role of moral emotions and individual differences in consumer responses to corporate green and non-green actions [J]. Journal of the Academy of Marketing Science, 2015, 43 (3): 333-356.

[7] HAYES A. Introduction to mediation, moderation, and conditional process analysis: A regression-based approach [M]. 2nd ed. New York: Guilford, 2017.

[8] MOSHER D L, WHITE B B. On differentiating shame and shyness [J]. Motivation and Emotion, 1981, 5 (1): 61-74.

[9] LEI J, DAWAR N, GÜRHAN-CANLI Z. Base-rate information in consumer attributions of product-harm crises [J]. Journal of Marketing Research, 2012, 49 (3): 336-348.

[10] SCHEIDLER S, EDINGER-SCHONS L M. Partners in crime: The impact of consumers' culpability for corporate social irresponsibility on their boycott attitude [J]. Journal of Business Research, 2020 (109): 607-620.

[11] AQUINO K, REED A. The self-importance of moral identity [J]. Journal of Personality and Social Psychology, 2002 (83): 1423-1440.

[12] MALHOTRA N K, BIRKS D F, WILLS P. Marketing research: An applied approach [M]. 4th ed. Harlow: Pearson, 2012.

[13] FORNELL C, LARCKER D F. Evaluating structural equation models with unobservable variables and measurements error [J]. Journal of Marketing Research, 1981 (18): 39-50.

[14] PODSAKOFF P M, MACKENZIE S B, LEE J, et al. Common method biases in behavioral research: A critical review of the literature and recommended remedies [J]. Journal of Applied Psychology, 2003, 88 (5): 879-903.

第七章

研究结论、研究启示和未来研究展望

第一节 研究结论

通过定性与定量相结合的研究方法，本书采用定性访谈法、实验法及问卷调查法研究了 CSI 归因对消费者响应意愿的影响及其作用机制和作用条件，通过四个具有逻辑关联性的研究，本书得出了以下结论：

第一，在对企业社会责任缺失进行责任归因时，消费者能够意识到消费者失责，并且消费者失责有不同的表现。本书对 CSI 归因进行了一项探索性研究，通过对 21 位消费者的个人深度访谈发现，消费者在对企业社会责任缺失进行责任判断时，认为有来自消费者方面的责任，在已有文献的基础上，本书对 CSI 归因中消费者失责的表现进行了更丰富的总结和呈现。同时，探索性研究也表明，消费者在对与消费者不良需求或需要具有直接或间接关系的企业社会责任缺失，有消费者参与生产、交换及购后处置的企业社会责任缺失（"受消费者影响的企业社会责任缺失"）进行责任归因时，会产生消费者失责。消费者失责感知相对高的企业社会责任缺失事件大多与消费者有较为直接和密切的关联性。消费者感知到自己或所属群体在企业社会责任缺失中的失责后，会产生愧疚、负罪感、后悔等情感，进而愿意在以后的消费中做出弥补。

第二，CSI 归因影响消费者响应意愿，具体来讲，CSI 归因中的企业失责正向影响消费者对企业的惩罚意愿，而消费者失责则正向影响消费者对企业的弥补意愿。本书聚焦于"受消费者影响的企业社会责任缺失"，研究这类企业社会责任缺失中 CSI 归因与消费者响应意愿的关系，先从 15 个不同类型的企业社会责任缺失事件中选出快递包装垃圾问题作为企业社会责任缺失情境，设计了 CSI 归因的启动材料，随后采用实验法，研究了

CSI 归因影响消费者响应意愿（惩罚意愿和消费者弥补意愿）的主效应（研究一），从而验证了本书的假设 H1 和假设 H2。

第三，CSI 归因通过道德情感影响消费者响应意愿，即愤怒在 CSI 归因中的企业失责对消费者惩罚意愿的影响中具有中介作用，愧疚在 CSI 归因中的消费者失责对消费者弥补意愿的影响中具有中介作用。在愤怒和愧疚的中介效应研究中，通过实验法来检验愤怒和愧疚在 CSI 归因作用于消费者惩罚意愿和消费者弥补意愿的中介作用（研究二 A 和研究二 B），研究结果验证了本书中的假设 H3 和假设 H4 关于愤怒和愧疚的中介作用假设。

第四，不同道德认同水平下，道德情感在 CSI 归因对消费者响应意愿的影响中所起的中介作用存在差异。道德认同高时（相较于道德认同低时），愤怒在 CSI 归因中的企业失责对消费者惩罚意愿的影响中所起的中介作用更大；道德认同高时，愧疚在 CSI 归因中的消费者失责对消费者弥补意愿的影响中所起的中介作用显著。在道德认同的调节作用研究中，本书通过问卷调查法来测量 CSI 归因中的企业失责和消费者失责（研究三），研究结果既重复验证了 CSI 归因中的企业失责对消费者惩罚意愿的正向影响及愤怒在这种影响中的中介作用、消费者失责对弥补意愿的正向影响及愧疚在这种影响中的中介作用，也验证了不同道德认同中，愤怒和愧疚中介作用的差异，从而为本书的假设 H5 和假设 H6 提供了依据。

第二节　理论启示

第一，本书关注企业社会责任缺失归因中的责任判断，研究了"受消费者影响的企业社会责任缺失"归因中企业失责和消费者失责问题，完善了消费者失责的具体表现，有助于丰富企业社会责任缺失归因研究。以往企业社会责任缺失文献对企业社会责任缺失归因的责任判断研究不足，尽管已经有关于企业失责的研究，但未具体到"受消费者影响的企业社会责任缺失"中企业失责的影响。本书从企业失责和消费者失责两个方面研究了"受消费者影响的企业社会责任缺失"的归因问题，发现消费者在对企业社会责任缺失进行责任归因时，存在企业失责和消费者失责归因。本书的 CSI 归因的探索性研究部分特别从消费者视角研究了个体消费者如何分析企业社会责任缺失成因、如何对特定企业社会责任缺失事件进行责任归因，是首次完全围绕企业社会责任缺失归因中的消费者失责问题开展的研究，并且发现消费者在一定程度上促成了某些企业社会责任缺失，从消费者过度消费、消费者对社会责任缺失企业的纵容等五个方面完善了消费者失责的具体表现，检验了消费者失责的影响结果。本书的发现为沙伊德勒和埃丁格－肖恩斯（Scheidler and Edinger–Schons，2020）的企业社会责任缺失归因中消费者路径与企业路径并存的研究结论[1]提供了进一步的证据，并在他们消费者失责定义的基础上提出，除了消费习惯，消费者的不良需求或需要，消费者参与生产、交换及购后处置也会促成特定的企业社会责任缺失。此外，张婷和周延风（2020）表明，现有企业社会责任缺失研究从企业层面对企业社会责任缺失的驱动因素进行了充分的研究，但对消费者层面的驱动因素还缺乏讨论[2]。因此，本书针对企业社会责任缺失中的消费者失责问题进行研究，有助于弥补现有企业社会责任缺失归因研究中对消费者因素关注的不足。

第二，本书探究了 CSI 归因对消费者响应意愿的影响及其作用机制和作用条件，为企业社会责任缺失文献探索了新的结果变量（弥补意愿），探索了企业社会责任缺失影响消费者响应的作用机制，有助于丰富企业社会责任缺失与消费者响应的关系研究。现有企业社会责任缺失文献中的结果变量大多与企业直接关联，如企业绩效[3]、企业价值[4]、财务风险[5-6]、企业跨国收购成功与否[7]，或消费者对企业、品牌的消极响应[8]，这些研究多是基于企业社会责任缺失的企业失责情境，而在企业社会责任缺失的消费者失责情境下，关于消费者对企业的响应研究仍非常有限。另外，尽管已有文献研究了企业社会责任缺失归因的调节作用[9]、中介作用[10]和影响因素[11]，但很少有学者研究 CSI 归因的影响结果和 CSI 归因中消费者失责的作用结果和作用机制。本书同时关注了 CSI 归因中的企业失责和消费者失责并研究了它们的影响结果，发现 CSI 归因影响消费者对企业的惩罚意愿和弥补意愿，并验证了愤怒和愧疚的中介作用。因此，首先，本书的发现有助于丰富企业社会责任缺失的结果变量，增加了个体层面企业社会责任缺失的影响机制研究。其次，对以往研究的拓展体现在，以往企业社会责任缺失文献主要用道德情感中谴责他人的道德情感来解释消费者如何响应企业社会责任缺失，而本书提出并验证了谴责自我的道德情感（愧疚）在企业社会责任缺失影响消费者响应中具有中介作用，并拓展了企业社会责任缺失研究中不同类别道德情感的中介作用。

第三，以社会责任消费研究、道德净化效应为基础，基于道德决策模型构建消费者响应企业社会责任缺失的整合研究框架，采用访谈法、实验法和问卷调查法相结合的研究方法丰富了现有企业社会责任缺失研究的理论基础和研究方法。以往企业社会责任缺失研究多基于社会认同理论、归因理论，采用二手数据法或调查法或实验法进行研究。本书以社会责任消费研究为基础，以社会责任消费行为的概念、维度、与企业社会责任的关系等相关理论观点为依据，补充了企业社会责任缺失中的消费者失责问题。同时，本书还以道德净化效应为基础，提出并验证了 CSI 归因中消费者失责通过愧疚产生弥补意愿，这有助于丰富企业社会责任缺失研究的理论视角。此外，哈米托夫、格雷瓜尔和苏里（Khamitov, Grégoire and Suri, 2020）倡导未来的营销负面事件（包含企业社会责任缺失）研究需要增加多元化的研究方法[12]。张爱卿和高应蓓（2020）也建议未来企业社会责任缺失研究采用更加多元化的研究方法[13]。本书通过个人深度访谈法探究了消费者如何对企业社会责任缺失进行归因、通过实验法启动了 CSI 归因并研究了 CSI 归因的影响结果、运用问卷调查法测量了理论模型中的构念、通过验证性因子分析检验了各个构念的信效度，多元的研究方法所获得的研究结果有助于更深入地理解 CSI 归因对消费者响应意愿的影响及其作用机制和作用条件。

第四，从消费者层面研究 CSI 归因与消费者响应意愿的关系丰富了企业社会责任缺失的研究视角。关于企业社会责任缺失归因，现有研究主要从宏观的社会架构如组织、制度、价值观层面展开，但缺乏从个人层面进行的作用机制研究[14]。本书研究了个体消费者如何分析企业社会责任缺失成因、消费者响应企业社会责任缺失的内在心理机制，以及消费者个性特征中道德认同的调节作用，从而丰富了现有企业社会责任缺失归因文献的研究视角。此外，由于现有企业社会责任缺失研究主要以西方消费者为主、在西方文化情境下展开，因此缺乏来自新兴经济体的研究发现。本书选用中国国内消费者熟悉的企业社会责任缺失场景开展企业社会责任缺失研究，为现有企业社会责任缺失文献增加了文化情境。

第五，本书丰富了道德净化效应的应用情境。以往研究验证了道德净化效应存在于亲环境行为[15]、亲社会行为[16]、食品消费[17]等领域。虽然与道德净化效应同属道德自我调节理论的道德许可效应已经被验证存在于企业社会责任缺失情境，但是，探讨企业社会责任缺失中道德净化效应的文献仍非常有限。本书发现，消费者在对企业社会责任缺失进行责任归因的过程中，当其意识到企业社会责任缺失中的消费者失责后，会增加弥补意愿，这表明在企业社会责任缺失情境下存在道德净化效应，从而拓展了道德净化效应的应用情境。

第三节 实践启示

第一，本书发现在"受消费者影响的企业社会责任缺失"中存在消费者失责，这对明确消费者在减少企业社会责任缺失中的促进作用具有指导意义。尽管很多研究表明企业社会责任缺失会带来消费者的负面响应，如负面口碑、抵制行为、抗议行为等，但从实际来看，企业社会责任缺失并没有因为消费者的负面响应而停止或消失。本书发现，这是因为消费者在一定程度上是某些企业社会责任缺失的"帮凶"，消费者的不良消费需求或需要、消费习惯及消费者参与助长了部分企业社会责任缺失。因此，如果要减少企业社会责任缺失，不仅需要消费者勇敢地承担起部分责任，还需要其从消费端采取行动，以倒逼企业减少社会责任缺失。例如，消费者可以提高自身素养，学习专业的消费知识、增强自我保护意识，以避免那些因消费者消费知识缺乏而发生的企业社会责任缺失带来的伤害；提高社会责任消费意识，适度消费，拒绝假冒伪劣产品，加强环保消费，以减少企业为了迎合消费者需求和购买而做出的社会责任缺失行为；减少对社会责任缺失企业的纵容，通过对缺乏社会责任的企业的产品或服务进行监督、抵制、不购买等，让企业意识到消费者的消费投票，从而约束企业行为、减少企业社会责任缺失。

第二，企业应随时关注消费者对企业行为的情感和行为倾向响应。本书发现，如果消费者感知到企业社会责任缺失中的企业失责，会引发其对企业的愤怒，进而增加对企业的惩罚意愿。消费者的这种消极情感响应和意愿响应对企业而言是不利的，企业需要尽可能减少消费者产生企业社会责任缺失的感知，特别是减少消费者对企业失责的感知。因此，企业应时刻关注消费者对企业的情感和评价，尽量避免使消费者产生愤怒，进而产生惩罚行为。换个角度来讲，企业应避免企业社会责任缺失的发生，不"做坏事"，这样就会降低消费者感知企业社会责任缺失和企业失责的可能性，从而有利于避免消费者对企业的消极情感和行为倾向响应。另外，本书发现，消费者意识到企业社会责任缺失中的消费者失责时，会产生愧疚，进而增加对企业的弥补意愿。因此，企业可以更加全面地了解消费者是如何对企业社会责任缺失进行归因的，而对于消费者意识到存在消费者失责的企业社会责任缺失，企业可以设计差异化的产品或定价，通过消费者的弥补来帮助企业减少企业社会责任缺失。例如，在快递垃圾问题中，消费者愿意额外支付一定数额的金钱使用环保材料的包装、购买对环境危害更小的产品。因此，企业可以同时推出普通材料的包装和环保材料的包装，并通过营销沟通传递消费者在快递垃圾污染环境中的作用，以激发消费者的愧疚，引导消费者购买环保的包装。此外，企业还应意识到消费者道德认同高低的重要性。本书发现，对道德认同高的消费者而言，愤怒在企业失责对消费者惩罚意愿的影响之间具有更大的中介效应。企业可以通过识别消费者道德认同水平的高低来优化企业的细分市场。

第三，政府或新闻媒体可以引导消费者多角度分析企业社会责任缺失的责任主体。本书发现，CSI 归因中的企业失责将引发消费者对企业的惩罚意愿，当消费者意识到自己在引发企业社会责任缺失中的失责时，会增加其弥补意愿。因此，面对企业社会责任缺失，政府或新闻媒体应正确地引导消费者进行企业社会责任缺失的归因分析。当企业社会责任缺失的主要责任在企业时，可以引导消费者通过正当、合法的惩罚行为来进行维权，从而动员社会力量监督企业；当企业社会责任缺失中存在消费者失责时，可以引导消费者认识到哪些行为是消费者的失责行为，并鼓励消费者对自己的失责进行弥补。同时，政府或新闻媒体应该加强对消费者的社会责任消费的教育，通过教育来提升消费者的社会责任消费理念、丰富消费者的消费知识、改善消费者的消费习惯，以及鼓励消费者树立健康的、可持续的、适度消费的消费理念，并帮助消费者了解哪些行为属于消费者失责行为，从而减少因消费促成的企业社会责任缺失。

第四节 研究局限性与展望

本书研究了 CSI 归因与消费者响应意愿的关系，尽管得到了有价值的发现，但仍存在一定的不足，未来研究可在本书的发现和不足的基础之上进一步开展企业社会责任缺失相关的研究。

首先,由于现有文献中明确探讨消费者失责的研究仍然有限,尽管本书在已有的消费者社会责任消费研究、企业社会责任缺失文献中获取了很多有益的启示,但对于消费者失责的界定及其表现的提炼仍有待完善。因此,未来研究可以进一步开展消费者失责相关的研究,如深入研究消费者失责的概念、探索更为丰富的影响结果及作用机制和作用条件。

其次,本书在设置企业社会责任缺失情境时,选用了快递包装垃圾污染环境的问题,即企业在环境方面的责任缺失,尽管该情境的选择与现有企业社会责任缺失文献选用企业社会责任缺失情境的原则(与消费者日常生活密切相关)保持了一致,但本书未具体到单个企业、未能检验研究发现在其他类型企业社会责任缺失情境中的适用性。此外,根据 CSI 归因的探索性研究中消费者对企业社会责任缺失责任主体的认知以及当前企业社会责任缺失文献对企业和消费者的重视,本书仅重点关注了企业社会责任缺失归因中的企业失责和消费者失责,未能顾及其他责任主体的失责。现有企业社会责任缺失研究所使用的情境比较多样,如伤害员工权益[18-19]、产品质量问题[20]、逃税[21]等,而且,在本书的前测一中,消费者认为消费者失责较高的企业社会责任缺失事件还应包括企业对动物的责任缺失。因此,未来研究可在新的企业社会责任缺失情境下,选用具体的企业社会责任缺失事例,以更加全面地考虑企业社会责任缺失的责任主体、重复检验本书理论模型的一般适用性和适用条件。

再次,本书用消极情感愤怒和愧疚分别解释了 CSI 归因中的企业失责和消费者失责如何影响消费者的惩罚意愿和弥补意愿,未能考虑到积极情感的潜在作用。安托内蒂(Antonetti,2020)表明,尽管企业责任缺失不会产生积极的情感,但在相关情境中,其他的信息来源可能会激发消费者的积极情感[22]。例如,消费者在企业社会责任缺失发生之前,可能会对企业或品牌持有钦佩感,从而可能影响消费者对企业或品牌的责任缺失行为的响应,或消费者可能会对企业社会责任缺失损害的对象存在积极情感,而这种积极情感可能会增强消费者对责任缺失企业的负面响应。另外,除了愧疚,基于自利偏差,消费者还可能在意识到企业社会责任缺失归因中的消费者失责后产生自我辩解,但本书并未对这种可能性进行检验。因此,未来研究可以考虑积极情感及愤怒和愧疚之外的其他消极情感如何影响消费者对 CSI 归因的响应,以及消费者自我辩解的潜在影响。

从次,本书仅探索了道德认同的调节作用,但并未对其他可能的调节因素进行研究。探索性研究的结果表明,消费者认为企业社会责任缺失的归因中消费者失责较高的企业社会责任缺失事件可能跟消费者有密切的关联性。以往的企业社会责任缺失研究表明,在感知到与企业社会责任缺失受害对象相似时,消费者会对企业社会责任缺失表现出更强的负面响应,从而增加了对企业的消极态度[23]。因此,未来研究可以考虑消费者与企业社会责任缺失的企业和受害对象感知距离远近是否存在调节作用。此外,由于学者们对伦理消费越来越重视,因此未来研究可以进一步探索与消费者道德有关的其他调节变量。

最后,虽然本书综合采用了定性访谈法、实验法和问卷调查法等多种研究方法对研究假设进行检验,但在定性访谈过程中,由于新冠疫情,只能采用个人联系的方式、通过方便抽样获取受访对象,尽管已考虑到受访对象在人口统计特征上的差异性,但受访对象的代表性仍存在一定的局限,并且因变量消费者惩罚意愿和消费者弥补意愿作为消费者的一种倾向性行为响应,与其真实行为反应还存在一定的距离。企业管理者和研究人员可能对现实中消费者真实的行为响应更感兴趣。因此,未来研究可以考虑采用更加多元化的数据来源方式,例如,尝试克服企业社会责任缺失作为负面事件而数据难以获取的困难,追踪关键企业社会责任缺失事件,并运用爬虫技术获取二手数据,以进一步增强本书观点的说服力。未来研究还可以考虑在企业社会责任缺失事件发生时,进行现场实验,研究真实的消费者惩罚行为和弥补行为。此外,本书在测量消费者的弥补意愿时,考虑到了消费者购买对企业的重要性,仅关注了消费者为减少企业环境责任缺失而进行金钱弥补的可能性,但在 CSI 归因的探索性研究中,本书发现除金钱外，消费者还愿意付出时间和精力来进行弥补。因此，未来研究可以考虑其他形式的消费者弥补（如提供志愿服务、践行环保行为等）。

注　释

[1] SCHEIDLER S, EDINGER – SCHONS L M. Partners in crime? The impact of consumers' culpability for corporate social irresponsibility on their boycott attitude [J]. Journal of Business Research, 2020 (109): 607 – 620.

[2] 张婷, 周延风. 消费者视角下企业社会责任缺失研究综述 [J]. 管理学季刊, 2020 (2): 117 – 137.

[3] LEE P K C, LAU A K W, CHENG T C E. Employee rights protection and financial performance [J]. Journal of Business Research, 2013, 66 (10): 1861 – 1869.

[4] SUN W, DING Z. Is doing bad always punished? A moderated longitudinal analysis on corporate social irresponsibility and firm value [J]. Business & Society, 2020, 60 (7): 1811 – 1848.

[5] KÖLBEL J F, BUSCH T, JANCSO L M. How media coverage of corporate social irresponsibility increases financial risk [J]. Strategic Management Journal, 2017, 38 (11): 2266 – 2284.

[6] PRICE J M, SUN W. Doing good and doing bad: The impact of corporate social responsibility and irresponsibility on firm performance [J]. Journal of Business Research, 2017 (11): 82 – 97.

[7] HAWN O. How media coverage of corporate social responsibility and irresponsibility influences cross – border acquisitions [J]. Strategic Management Journal, 2021, 42 (1): 58 – 83.

[8] ARLI D, GRACE A, PALMER J, et al. Investigating the direct and indirect effects of corporate hypocrisy and perceived corporate reputation on consumers' attitudes toward the company [J]. Journal of Retailing and Consumer Services, 2017 (37): 139 – 145.

[9] VOLIOTIS S, VLACHOS P A, EPITROPAKI O. Perception – induced effects of corporate social irresponsibility (CSiR) for stereotypical and admired firms [J]. Frontiers in

Psychology, 2016, 7 (1): 1 - 6.

[10] 王仙雅, 毛文娟. 消费者对企业社会责任缺失行为的感知: 消费者归因和期望的影响 [J]. 北京理工大学学报 (社会科学版), 2015, 17 (6): 74 - 80.

[11] LANGE D, WASHBURN N T. Understanding attributions of corporate social irresponsibility [J]. Academy of Management Review, 2012, 37 (2): 300 - 326.

[12] KHAMITOV M, GRÉGOIRE Y, SURI A. A systematic review of brand transgression, service failure recovery and product - harm crisis: Integration and guiding insights [J]. Journal of the Academy of Marketing Science, 2020 (48): 519 - 542.

[13] 张爱卿, 高应蓓. 基于 CiteSpace 的国内外企业社会责任缺失研究可视化对比分析 [J]. 中央财经大学学报, 2020 (6): 91 - 104.

[14] AGUINIS H, GLAVAS A. What we know and don't know about corporate social responsibility: A review [J]. Journal of Management, 2012, 38 (4): 932 - 968.

[15] CUI Y, ERRMANN A, KIM J, et al. Moral effects of physical cleansing and pro - environmental hotel choices [J]. Journal of Travel Research, 2020, 59 (6): 1105 - 1118.

[16] DING W, XIE R, SUN B, et al. Why does the "sinner" act prosocially? The mediating role of guilt and the moderating role of moral identity in motivating moral cleansing [J]. Frontiers in Psychology, 2016 (7): 1 - 8.

[17] KIM J, KIM J E, PARK J. Effects of physical cleansing on subsequent unhealthy eating [J]. Marketing Letters, 2018, 29 (2): 165 - 176.

[18] BRUNK K H, DE BOER C. How do consumers reconcile positive and negative CSR - related information to form an ethical brand perception: A mixed method inquiry [J]. Journal of Business Ethics, 2018 (161): 443 - 458.

[19] FERREIRA A I, RIBEIRO I. Are you willing to pay the price: The impact of corporate social (ir) responsibility on consumer behavior towards national and foreign brands [J]. Journal of Consumer Behaviour, 2017, 16 (1): 63 - 71.

[20] CARVALHO S W, MURALIDHARAN E, BAPUJI H. Corporate social "irresponsibility": Are consumers' biases in attribution of blame helping companies in product - harm crises involving hybrid products [J]. Journal of Business Ethics, 2015 (130): 651 - 663.

[21] ANTONETTI P, MAKLAN S. An extended model of moral outrage at corporate social

irresponsibility [J]. Journal of Business Ethics, 2016, 135 (3): 429 – 444.

[22] ANTONETTI P. More than just a feeling: A research agenda for the study of consumer emotions following corporate social irresponsibility (CSI) [J]. Australasian Marketing Journal, 2020, 28 (2): 67 – 70.

[23] ANTONETTI P, MAKLAN S. Social identification and corporate irresponsibility: A model of stakeholder punitive intentions [J]. British Journal of Management, 2016, 27 (3): 583 – 605.

参考文献

[1] 晁罡，石杜丽，申传泉，等. 新媒体时代企业社会责任对声誉修复的影响研究 [J]. 管理学报，2015，12（11）：1678-1686.

[2] 代文彬，慕静，周欢. 中国城市食品消费者的社会责任消费：消费者权力的视角 [J]. 商业研究，2019（2）：10-17.

[3] 费显政，李陈微，周舒华. 一损俱损还是因祸得福：企业社会责任声誉溢出效应研究 [J]. 管理世界，2010（4）：74-82，98.

[4] 胡俊南，王宏辉. 重污染企业环境责任履行与缺失的经济效应对比分析 [J]. 南京审计学院学报，2019（6）：91-100.

[5] 姜丽群. 国外企业社会责任缺失研究述评 [J]. 外国经济与管理，2014，36（2）：13-23.

[6] 李萍. 论道德认同的实质及其意义 [J]. 湖南师范大学社会科学学报，2019，48（1）：57-63.

[7] 李茜，熊杰，黄晗. 企业社会责任缺失对财务绩效的影响研究 [J]. 管理学报，2018，15（2）：255-261.

[8] 林少龙，纪婉萍. 消费者的品牌认同、善因认同与内在道德认同如何促进善因营销的成功 [J]. 南开管理评论，2020，23（4）：25-36.

[9] 刘凤军，孟陆，杨强，等. 责任归因视角下事前补救类型与顾客参与程度相匹配对服务补救绩效的影响 [J]. 南开管理评论，2019，22（2）：197-210.

[10] 王仙雅，毛文娟. 消费者对企业社会责任缺失行为的感知：消费者归因和期望的影响 [J]. 北京理工大学学报（社会科学版），2015，17（6）：74-80.

[11] 王仙雅，毛文娟. 群体性食品安全责任缺失的形成机制研究 [J]. 大连理工大学

学报（社会科学版），2016，37（1）：90-96.

[12] 王晓东，谢莉娟. 责任消费与企业社会责任的互动影响机制：理论回顾、逻辑比较及路径选择［J］. 商业经济与管理，2009（10）：12-16.

[13] 王财玉，雷雳. 社会责任消费的结构、形成机制及企业响应［J］. 心理科学进展，2015，23（7）：1245-1257.

[14] 吴金海. 面向社会责任消费：消费社会理论的批判性及其反思［J］. 社会科学，2020，（2）：98-109.

[15] 辛杰. 中国消费者社会责任消费行为与群体细分研究：基于 SRCB-China 量表的探索性研究［J］. 南京农业大学学报（社会科学版），2011（1）：37-43.

[16] 肖红军，李平. 平台型企业社会责任的生态化治理［J］. 管理世界，2019（4）：120-144.

[17] 熊国保，姜曼. 旅游企业社会责任缺失及对策［J］. 江西社会科学，2013（12）：202-205.

[18] 许英杰，张蕙，刘子飞. 中国消费者责任消费指数研究：以中国六个主要城市为样本［J］. 中国经济问题，2015（4）：73-85.

[19] 徐立成，周立. 食品安全威胁下"有组织的不负责任"：消费者行为分析与"一家两制"调查［J］. 中国农业大学学报（社会科学版），2014，31（2）：124-135.

[20] 徐莉萍，刘雅洁，张淑霞. 企业社会责任及其缺失对债券融资成本的影响［J］. 华东经济管理，2020，34（1）：101-112.

[21] 阎俊，佘秋玲. 社会责任消费行为量表研究［J］. 管理科学，2009（2）：73-82.

[22] 杨春方. 中小企业社会责任缺失的非道德解读：资源基础与背景依赖的视角［J］. 江西财经大学学报，2015（1）：32-42.

[23] 杨继生，阳建辉. 企业失责行为与居民的选择性反应：来自上市企业的证据［J］. 经济学（季刊），2016，16（1）：275-296.

[24] 张爱卿，高应蓓. 基于 CiteSpace 的国内外企业社会责任缺失研究可视化对比分析［J］. 中央财经大学学报，2020（6）：91-104.

[25] 张林刚，施小维，熊焰. 海外背景董事对企业社会责任缺失行为的改善作用［J］. 哈尔滨商业大学学报（社会科学版），2020（1）：34-49.

[26] 张婷，周延风. 消费者视角下企业社会责任缺失研究综述［J］. 管理学季刊，

2020（2）：117-137.

[27] 张宏，王宇婷. 企业社会责任缺失情境下修复策略对消费者品牌信任变化的影响 [J]. 管理学报，2022，19（7）：1056-1063.

[28] 郑海东，赵丹丹，张音，等. 企业社会责任缺失行为公众反应的案例研究 [J]. 管理学报，2017，14（12）：1747-1756.

[29] 朱文忠，傅琼芳，纪晓夏. 双边市场中卖家社会责任缺失对平台企业顾客忠诚的影响 [J]. 管理评论，2022，34（7）：189-197.

[30] 左伟，谢丽思. 食品企业社会责任缺失行为与消费者惩罚意愿 [J]. 华南农业大学学报（社会科学版），2022，21（2）：110-120.

[31] AFSAR B, AL-GHAZALI B, UMRANI W. Corporate social responsibility, work meaningfulness, and employee engagement: The joint moderating effects of incremental moral belief and moral identity centrality [J]. Corporate Social Responsibility and Environmental Management, 2020, 27（3）：1264-1278.

[32] AFSAR B, UMRANI W A. Corporate social responsibility and pro-environmental behavior at workplace: The role of moral reflectiveness, coworker advocacy, and environmental commitment [J]. Corporate Social Responsibility and Environmental Management, 2020（27）：109-125.

[33] AGUINIS H, GLAVAS A. What we know and don't know about corporate social responsibility: A review [J]. Journal of Management, 2012, 38（4）：932-968.

[34] AGUS HARJOTO M, SALAS J. Strategic and institutional sustainability: Corporate social responsibility, brand value, and interbrand listing [J]. Journal of Product & Brand Management, 2017, 26（6）：545-558.

[35] AMOS C, ZHANG L, READ D. Hardworking as a heuristic for moral character: Why we attribute moral values to those who work hard and its implications [J]. Journal of Business Ethics, 2019, 158（4）：1047-1062.

[36] AMUJO O C, LANINHUN B A, OTUBANJO O, et al. Impact of corporate social irresponsibility on the corporate image and reputation of multinational oil corporations in Nigeria [C] //TENCH R, SUN W, JONES B. Corporate social irresponsibility: A challenging concept. Lead: Emerald Group Publishing Limited, 2015：263-293.

[37] ANDERSCH H, LINDENMEIER J, LIBERATORE F, et al. Resistance against cor-

porate misconduct: An analysis of ethical ideologies' direct and moderating effects on different forms of active rebellion [J]. Journal of Business Economics, 2018 (88): 695 – 730.

[38] ANTIL J H. Socially responsible consumers: Profile and implications for public policy [J]. Journal of Macromarketing, 1984, 4 (2): 18 – 39.

[39] ANTONETTI P, MAKLAN S. An extended model of moral outrage at corporate social irresponsibility [J]. Journal of Business Ethics, 2016, 135 (3): 429 – 444.

[40] ANTONETTI P, MAKLAN S. Identity bias in negative word of mouth following irresponsible corporate behavior: A research model and moderating effects [J]. Journal of Business Ethics, 2018, 149 (4): 1 – 19.

[41] ANTONETTI P, MAKLAN S. Social identification and corporate irresponsibility: A model of stakeholder punitive intentions [J]. British Journal of Management, 2016, 27 (3): 583 – 605.

[42] ANTONETTI P, ANESA M. Consumer reactions to corporate tax strategies: The role of political ideology [J]. Journal of Business Research, 2017, 74 (5): 1 – 10.

[43] ANTONETTI P, MAKLAN S. Concerned protesters: From compassion to retaliation [J]. European Journal of Marketing, 2017, 51 (5/6): 983 – 1010.

[44] ANTONETTI P. More than just a feeling: A research agenda for the study of consumer emotions following Corporate Social Irresponsibility (CSI) [J/OL]. Australasian Marketing Journal (AMJ). [2024 – 06 – 06]. https://doi.org/10.1016/j.ausmj.2020.01.005.

[45] ANTONETTI P, CRISAFULLI B, KATSIKEAS C S. Does it really hurt? Making sense of varieties of anger [J]. Psychology & Marketing, 2020, 37 (11): 1465 – 1483.

[46] ANTONETTI P, VALOR C. A theorisation of discrete emotion spillovers: An empirical test for anger [J]. Journal of Marketing Management, 2021, 37 (7 – 8): 599 – 625.

[47] AQUINO K, REED A. The self – importance of moral identity [J]. Journal of Personality and Social Psychology, 2002 (83): 1423 – 1440.

[48] AQUINO K, FREEMAN D, REED A, et al. Testing a social – cognitive model of moral behavior: The interactive influence of situations and moral identity centrality [J]. Journal of Personality and Social Psychology, 2009, 97 (1): 123 – 141.

[49] AQUINO K, MCFERRAN B, LAVEN M. Moral identity and the experience of moral

elevation in response to acts of uncommon goodness [J]. Journal of Personality and Social Psychology, 2011, 100 (4): 703 – 718.

[50] ARLI D, GRACE A, PALMER J, et al. Investigating the direct and indirect effects of corporate hypocrisy and perceived corporate reputation on consumers' attitudes toward the company [J]. Journal of Retailing and Consumer Services, 2017 (37): 139 – 145.

[51] ARMSTRONG J S. Social irresponsibility in management [J]. Journal of Business Research, 1977, 5 (3): 185 – 213.

[52] ARMSTRONG J S, GREEN K C. Effects of corporate social responsibility and irresponsibility policies [J]. Journal of Business Research, 2013, 66 (10): 1922 – 1927.

[53] ATAY E, TERPSTRA – TONG J L Y. The determinants of corporate social irresponsibility: A case study of the Soma mine accident in Turkey [J]. Social Responsibility Journal, 2020, 16 (8): 1433 – 1452.

[54] BARKAN R, AYAL S, ARIELY D. Ethical dissonance, justifications, and moral behavior [J]. Current Opinion in Psychology, 2015 (6): 157 – 161.

[55] BARTLETT M Y, DESTENO D. Gratitude and prosocial behavior: Helping when it costs you [J]. Psychological Science, 2006, 17 (4): 319 – 325.

[56] BAUMEISTER R F, STILLWELL A M, HEATHERTON T F. Guilt: An interpersonal approach [J]. Psychological Bulletin, 1994, 115 (2): 243 – 267.

[57] BAUCUS M S, NEAR J P. Can illegal corporate behavior be predicted? An event history analysis [J]. Academy of Management Journal, 1991, 34 (1): 9 – 36.

[58] BEM D J. Self – perception theory [C] //Advances in experimental social psychology [J]. Academic Press, 1972 (6): 1 – 62.

[59] BRIGDEN N, HÄUBL, G. Inaction traps in consumer response to product malfunctions [J]. Journal of Marketing Research, 2020, 57 (2): 298 – 314.

[60] BRUNK K H, DE BOER C. How do consumers reconcile positive and negative CSR – related information to form an ethical brand perception? A mixed method inquiry [J]. Journal of Business Ethics, 2018 (161): 443 – 458.

[61] CARLSMITH K M, DARLEY J M, ROBINSON P H. Why do we punish? Deterrence and just deserts as motives for punishment [J]. Journal of Personality and Social Psychology, 2002 (83): 284 – 299.

[62] CARVALHO S W, MURALIDHARAN E, BAPUJI H. Corporate social "irresponsibility": Are consumers' biases in attribution of blame helping companies in product – harm crises involving hybrid products? [J]. Journal of Business Ethics, 2015 (130): 651 – 663.

[63] CHEN Y, MOOSMAYER D C. When guilt is not enough: Interdependent self – construal as moderator of the relationship between guilt and ethical consumption in a Confucian context [J]. Journal of Business Ethics, 2020, 161 (3): 551 – 572.

[64] CHIU S, SHARFMAN M. Corporate social irresponsibility and executive succession: An empirical examination [J]. Journal of Business Ethics, 2018 (149): 707 – 723.

[65] CHOI Y, LIN Y H. Consumer responses to mattel product recalls posted on online bulletin boards: Exploring two types of emotion [J]. Journal of Public Relations Research, 2009, 21 (2): 198 – 207.

[66] CLARK T S, GRANTHAM K N. What CSR is not: Corporate social irresponsibility [C] //Tench R, Sun W, Jones B. Corporate Social Irresponsibility: A Challenging Concept. Lead: Emerald Group Publishing Limited, 2012: 23 – 41.

[67] COHEN T R, PANTER A T, TURAN N. Guilt proneness and moral character [J]. Current Directions in Psychological Science, 2012, 21 (5): 355 – 359.

[68] CONWAY P, PEETZ J. When does feeling moral actually make you a better person? Conceptual abstraction moderates whether past moral deeds motivate consistency or compensatory behavior [J]. Personality and Social Psychology Bulletin, 2012, 38 (7): 907 – 919.

[69] COOMBS W T, HOLLADAY S J. An exploratory study of stakeholder emotions: Affect and crises [J]. Research on Emotion in Organizations, 2005, 1 (5): 263 – 280.

[70] CORCIOLANI M, NIERI F, TUAN A. Does involvement in corporate social irresponsibility affect the linguistic features of corporate social responsibility reports? [J]. Corporate Social Responsibility and Environmental Management, 2020, 27 (2): 670 – 680.

[71] CRONIN T, REYSEN S, BRANSCOMBE N R. Wal – Mart's conscientious objectors: Perceived illegitimacy, moral anger, and retaliatory consumer behavior [J]. Basic and Applied Social Psychology, 2012, 34 (4): 322 – 335.

[72] CUI Y, ERRMANN A, KIM J, et al. Moral effects of physical cleansing and pro-environmental hotel choices [J]. Journal of Travel Research, 2020, 59 (6): 1105-1118.

[73] DAVIES G, OLMEDO-CIFUENTES I. Corporate misconduct and the loss of trust [J]. European Journal of Marketing, 2016 (50): 1426-1447.

[74] DEMACARTY P. Financial returns of corporate social responsibility, and the moral freedom and responsibility of business leaders [J]. Business and Society Review, 2009, 114 (3): 393-433.

[75] DE BOCK T, VAN KENHOVE P. Double standards: The role of techniques of neutralization [J]. Journal of Business Ethics, 2011, 99 (2): 283-296.

[76] DING W, XIE R, SUN B, et al. Why does the "sinner" act prosocially? The mediating role of guilt and the moderating role of moral identity in motivating moral cleansing [J]. Frontiers in Psychology, 2016 (7): 1-8.

[77] EFFRON D A. Making mountains of morality from molehills of virtue [J]. Personality and Social Psychology Bulletin, 2014, 40 (8): 972-985.

[78] ERKUTLU H, CHAFRA J. Leader's integrity and interpersonal deviance: The mediating role of moral efficacy and the moderating role of moral identity [J]. International Journal of Emerging Markets, 2020, 15 (3): 611-627.

[79] FERREIRA A I, RIBEIRO I. Are you willing to pay the price? The impact of corporate social (ir)responsibility on consumer behavior towards national and foreign brands [J]. Journal of Consumer Behaviour, 2017, 16 (1): 63-71.

[80] FERRY W H. Forms of irresponsibility [J]. The Annals of the American Academy of Political and Social Science, 1962, 343 (1): 65-74.

[81] FIASCHI D, GIULIANI E, NIERI F, et al. How bad is your company? Measuring corporate wrongdoing beyond the magic of ESG metrics [J]. Business Horizons, 2020 (63): 287-299.

[82] FOLKES V S. Consumer reactions to product failure: An attributional approach [J]. Journal of Consumer Research, 1984, 10 (4): 398-409.

[83] FOMBELLE P W, VOORHEES C M, JENKINS M R, et al. Customer deviance: A

framework, prevention strategies, and opportunities for future research [J]. Journal of Business Research, 2020 (116): 387 – 400.

[84] FORD M T, AGOSTA J P, HUANG J, et al. Moral emotions towards others at work and implications for employee behavior: A qualitative analysis using critical incidents [J]. Journal of Business and Psychology, 2018, 33 (1): 155 – 190.

[85] FORNELL C, LARCKER D F. Evaluating structural equation models with unobservable variables and measurements error [J]. Journal of Marketing Research, 1981 (18): 39 – 50.

[86] GHOLAMZADEHMIR M, SPARKS P, FARSIDES T. Moral licensing, moral cleansing and pro – environmental behaviour: The moderating role of pro – environmental attitudes [J]. Journal of Environmental Psychology, 2019 (65): 101334.

[87] GIEBELHAUSEN M, CHUN H H, CRONIN JR J J, et al. Adjusting the warm – glow thermostat: How incentivizing participation in voluntary green programs moderates their impact on service satisfaction [J]. Journal of Marketing, 2016, 80 (4): 56 – 71.

[88] GILL P, STEWART K, TREASURE E, et al. Methods of data collection in qualitative research: Interviews and focus groups [J]. British Dental Journal, 2008, 204 (6): 291 – 295.

[89] GINO F, KOUCHAKI M, GALINSKY A D. The moral virtue of authenticity: How inauthenticity produces feelings of immorality and impurity [J]. Psychological Science, 2015, 26 (7): 983 – 996.

[90] GREENBAUM R L, BONNER J M, GRAY T W, et al. Moral emotions: A review and research agenda for management scholarship [J]. Journal of Organizational Behavior, 2019 (41): 95 – 114.

[91] GRÉGOIRE Y, LAUFER D, TRIPP T M. A comprehensive model of customer direct and indirect revenge: Understanding the effects of perceived greed and customer power [J]. Journal of the Academy of Marketing Science, 2010, 38 (6): 738 – 758.

[92] GRIFFIN M, BABIN B J, ATTAWAY J S. An empirical investigation of the impact of negative public publicity on consumer attitudes and intentions [J]. Advances in Consumer Research, 1991, 18 (1): 334 – 341.

[93] GODFREY P C, MERRILL C B, HANSEN J M. The relationship between corporate

social responsibility and shareholder value: An empirical test of the risk management hypothesis [J]. Strategic Management Journal, 2009, 30 (4): 425-445.

[94] GRAPPI S, ROMANI S, BAGOZZI R P. Consumer response to corporate irresponsible behavior: Moral emotions and virtues [J]. Journal of Business Research, 2013, 66 (10): 1814-1821.

[95] GREGORY-SMITH D, SMITH A, WINKLHOFER H. Emotions and dissonance in "ethical" consumption choices [J]. Journal of Marketing Management, 2013, 29 (11/12): 1201-1223.

[96] GROENING C, KANURI V K. Investor reaction to positive and negative corporate social events [J]. Journal of Business Research, 2013, 66 (10): 1852-1860.

[97] GROENING C, MITTAL V, ZHANG Y. Cross-validation of customer and employee signals and firm valuation [J]. Journal of Marketing Research, 2016, 53 (1): 61-76.

[98] HAIDT J, KOLLER S, DIAS M. Affect, culture, and morality, or is it wrong to eat your dog [J]. Journal of Personality and Social Psychology, 1993 (65): 613-628.

[99] HAIDT J. The emotional dog and its rational tail: A social intuitionist approach to moral judgment [J]. Psychological Review, 2001 (4): 814-834.

[100] HAIDT J. The moral emotions [M] //Davidson R J, Scherer K R, Goldsmith H H. Handbook of affective sciences. Oxford: Oxford University Press, 2003: 852-870.

[101] HAIDT J. The new synthesis in moral psychology [J]. Science, 2007, 316 (5827): 998-1002.

[102] HAMILTON V L. Intuitive psychologist or intuitive lawyer? Alternative models of the attribution process [J]. Journal of Personality and Social Psychology, 1980 (39): 767-772.

[103] HAWKINS D F. Causal attribution and punishment for crime [J]. Deviant Behavior, 1981, 2 (3): 207-230.

[104] HAYES A. Introduction to mediation, moderation, and conditional process analysis: A regression-based approach [M]. 2nd ed. New York: Guilford, 2017.

[105] HAWN O. How media coverage of corporate social responsibility and irresponsibility

influences cross – border acquisitions [J]. Strategic Management Journal, 2021, 42 (1): 58 – 83.

[106] HERSHCOVIS M S, BHATNAGAR N. When fellow customers behave badly: Witness reaction to employee mistreatment by customers [J]. Journal of Applied Psychology, 2017, 102 (11): 1528 – 1544.

[107] HERTZ S G, KRETTENAUER T. Does moral identity effectively predict moral behavior: A meta – analysis [J]. Review of General Psychology, 2016, 20 (2): 129 – 140.

[108] HERZIG C, MOON J. Discourses on corporate social ir/responsibility in the financial sector [J]. Journal of Business Research, 2013, 66 (10): 1870 – 1880.

[109] HIGGINS E T. Self – discrepancy: A theory relating self and affect [J]. Psychological Review, 1987, 94 (3): 319 – 340.

[110] HOFFMANN S. Home country bias in consumers' moral obligation to boycott offshoring companies [J]. Journal of Marketing Theory and Practice, 2013, 21 (4): 371 – 388.

[111] HUBER F, MEYER F, VOGEL J, et al. Corporate social performance as antecedent of consumer's brand perception [J]. Journal of Brand Management, 2011 (19): 228 – 240.

[112] HUMPHREYS A, THOMPSON C J. Branding disaster: Reestablishing trust through the ideological containment of systemic risk anxieties [J]. Journal of Consumer Research, 2014 (41): 877 – 910.

[113] HUTCHERSON C A, GROSS J J. The moral emotions: A social – functionalist account of anger, disgust, and contempt [J]. Journal of Personality and Social Psychology, 2011, 100 (4): 719 – 737.

[114] HUNT S D, VITELL S. A general theory of marketing ethics [J]. Journal of Macromarketing, 1986 (6): 5 – 16.

[115] ILIES R, PENG A C, SAVANI K, et al. Guilty and helpful: An emotion – based reparatory model of voluntary work behavior [J]. Journal of Applied Psychology, 2013, 98 (6): 1 – 9.

[116] INSCH A, BLACK T. Does corporate social responsibility cushion unethical brand behavior? Insights from chocolate confectionery [J]. Journal of Public Affairs, 2018, 18 (3): 1-11.

[117] IRELAND P. Limited liability, shareholder rights and the problem of corporate irresponsibility [J]. Cambridge Journal of Economics, 2010, 34 (5): 837-856.

[118] JAIN T, ZAMAN R. When boards matter: The case of corporate social irresponsibility [J]. British Journal of Management, 2020, 31 (2): 365-386.

[119] JENNINGS P L, MITCHELL M S, HANNAH S T. The moral self: A review and integration of the literature [J]. Journal of Organizational Behavior, 2015 (36): S104-S168.

[120] JIN Y. The effects of public's cognitive appraisal of emotions in crises on crisis coping and strategy assessment [J]. Public Relations Review, 2009 (35): 310-313.

[121] JIN Y, CHENG C, ZENG H. Is evil rewarded with evil? The market penalty effect of corporate environmentally irresponsible events [J]. Business Strategy and the Environment, 2020, 29 (3): 846-871.

[122] JONES T M. Ethical decision making by individuals in organizations: An issue-contingent model [J]. Academy of Management Review, 1991 (16): 366-395.

[123] JORDAN J, MULLEN E, MURNIGHAN J K. Striving for the moral self: The effects of recalling past moral actions on future moral behavior [J]. Personality and Social Psychology Bulletin, 2011, 37 (5): 701-713.

[124] KANG E. Director interlocks and spillover effects of reputational penalties from financial reporting fraud [J]. Academy of Management Journal, 2008, 51 (3): 537-555.

[125] KANG C, GERMANN F, GREWAL R. Washing away your sins? Corporate social responsibility, corporate social irresponsibility, and firm performance [J]. Journal of Marketing, 2016, 8 (2): 59-79.

[126] KAYES D C. Organizational corruption as theodicy [J]. Journal of Business Ethics, 2006, 67 (1): 51-62.

[127] KEIG D L, BROUTHERS L E, MARSHALL V B. Formal and informal corruption environments and multinational enterprise social irresponsibility [J]. Journal of Management Studies, 2015, 52 (1): 89-116.

[128] KELLEY H H. The processes of causal attribution [J]. American Psychologist, 1973, 28 (2): 107 – 128.

[129] KHAMITOV M, GRÉGOIRE Y, SURI A. A systematic review of brand transgression, service failure recovery and product – harm crisis: Integration and guiding insights [J]. Journal of the Academy of Marketing Science, 2020 (48): 519 – 542.

[130] KIM S, CHOI S M. Congruence effects in post – crisis CSR communication: The mediating role of attribution of corporate motives [J]. Journal of Business Ethics, 2016 (153): 447 – 463.

[131] KIM J, KIM J E, PARK J. Effects of physical cleansing on subsequent unhealthy eating [J]. Marketing Letters, 2018, 29 (2): 165 – 176.

[132] KIM S, KRISHNA A, DHANESH G. Economics or ethics? Exploring the role of CSR expectations in explaining consumers' perceptions, motivations, and active communication behaviors about corporate misconduct [J]. Public Relations Review, 2019 (45): 76 – 87.

[133] KLEIN J, DAWAR N. Corporate social responsibility and consumers' attributions and brand evaluations in a product – harm crisis [J]. International Journal of Research in Marketing, 2004, 21 (3): 203 – 217.

[134] KLEIN J G, SMITH N C, JOHN A. Why we boycott: Consumer motivations for boycott participation [J]. Journal of Marketing, 2004, 68 (3): 92 – 109.

[135] KNEZ I, NORDHALL O. Guilt as a motivator for moral judgment: An autobiographical memory study [J]. Frontiers in Psychology, 2017 (8): 1 – 9.

[136] KÖLBEL J F, BUSCH T, JANCSO L M. How media coverage of corporate social irresponsibility increases financial risk [J]. Strategic Management Journal, 2017, 38 (11): 2266 – 2284.

[137] KOTCHEN M J, MOON J J. Corporate social responsibility for irresponsibility [J]. Journal of Economic Analysis & Policy, 2012, 12 (1): 1 – 21.

[138] KRETTENAUER T, MURUA L A, JIA F. Age – related differences in moral identity across adulthood [J]. Developmental Psychology, 2016, 52 (6): 972 – 984.

[139] KRKAĈ K. Corporate social irresponsibility: Humans vs artificial intelligence [J]. Social Responsibility Journal, 2019, 15 (6): 786 – 802.

[140] LANGE D, WASHBURN N T. Understanding attributions of corporate social irresponsibility [J]. Academy of Management Review, 2012, 37 (2): 300-326.

[141] LAROCHE M, BERGERON J, BARBARO-FORLEO G. Targeting consumers who are willing to pay more for environmentally friendly products [J]. Journal of Consumer Marketing, 2001, 18 (6): 503-520.

[142] LEE P K C, LAU A K W, CHENG T C E. Employee rights protection and financial performance [J]. Journal of Business Research, 2013, 66 (10): 1861-1869.

[143] LEFEBVRE J P, KRETTENAUER T. Linking moral identity with moral emotions: A meta-analysis [J]. Review of General Psychology, 2019, 23 (4): 444-457.

[144] LEI J, DAWAR N, GÜRHAN-CANLI Z. Base-rate information in consumer attributions of product-harm crises [J]. Journal of Marketing Research, 2012, 49 (3): 336-348.

[145] LEONIDOU L C, KVASOVA O, LEONIDOU C N, et al. Business unethicality as an impediment to consumer trust: The moderating role of demographic and cultural characteristics [J]. Journal of Business Ethics, 2013, 112 (3): 397-415.

[146] LENZ I, WETZEL H A, HAMMERSCHMIDT M. Can doing good lead to doing poorly? Firm value implications of CSR in the face of CSI [J]. Journal of the Academy of Marketing Science, 2017, 45 (4): 1-21.

[147] LIN H, ZENG S, WANG L, et al. How does environmental irresponsibility impair corporate reputation? A multi-method investigation [J]. Corporate Social Responsibility and Environmental Management, 2016 (23): 413-423.

[148] LIN-HI N, MÜLLER K. The CSR Bottom line: Preventing corporate social irresponsibility [J]. Journal of Business Research, 2013, 66 (10): 1928-1936.

[149] LIU A X, LIU Y, LUO T. What drives a firm's choice of product recall remedy the impact of remedy cost, product hazard, and the CEO [J]. Journal of Marketing, 2016, 80 (3): 79-95.

[150] LIU P, XIAO C, HE J, et al. Experienced workplace incivility, anger, guilt, and family satisfaction: The double-edged effect of narcissism [J]. Personality and Individual Differences, 2019, 154 (3): 109642.

[151] LUQUE A, HERRERO-GARCÍA N. How corporate social (ir)responsibility in the tex-

tile sector is defined, and its impact on ethical sustainability: An analysis of 133 concepts [J]. Corporate Social Responsibility and Environmental Management, 2019, 26 (6): 1285 – 1306.

[152] MALHOTRA N K, BIRKS D F, WILLS P. Marketing research: An applied approach [M]. 4th ed. Harlow: Pearson, 2012.

[153] MAZZEI M J, GANGLOFF A K, SHOOK C L. Examining multi – level effects on corporate social responsibility and irresponsibility [J]. Management & Marketing, 2015, 10 (3): 163 – 184.

[154] MCLAIN D L, KEENAN J P. Risk, information, and the decision about response to wrongdoing in an organization [J]. Journal of Business Ethics, 1999 (19): 255 – 271.

[155] MEYER F, HUBER F, HUBER S. The suffering company: Consumer compassion towards companies exposed to negative events [J]. Psychology & Marketing, 2019 (36): 321 – 341.

[156] MINOR D, MORGAN J. CSR as reputation insurance: Primum non nocere [J]. California Management Review, 2011, 53 (3): 40 – 59.

[157] MOHR L A, WEBB D J, HARRIS K E. Do consumers expect companies to be socially responsible? The impact of corporate social responsibility on buying behavior [J]. Journal of Consumer Affairs, 2001 (35): 45 – 72.

[158] MOREO A, CAIN L, CHANG W. Antecedents and consequences of anger among restaurant employees [J]. Journal of Hospitality and Tourism Management, 2020 (45): 37 – 47.

[159] MOSHER D L, WHITE B B. On differentiating shame and shyness [J]. Motivation and Emotion, 1981, 5 (1): 61 – 74.

[160] MULDER L B, AQUINO K. The role of moral identity in the aftermath of dishonesty [J]. Organizational Behavior and Human Decision Processes, 2013, 121 (2): 219 – 230.

[161] MURALIDHARAN S, SHEEHAN K. The role of guilt in influencing sustainable pro – environmental behaviors among shoppers: Differences in response by gender to messaging about England's plastic bag levy [J]. Journal of Advertising Research, 2018, 58 (3): 349 – 362.

[162] MURPHY P E, SCHLEGELMILCH B B. Corporate social responsibility and corporate social irresponsibility: Introduction to a special topic section [J]. Journal of Business Research, 2013, 66 (10): 1807 – 1813.

[163] NASAB S M T I, ABIKARI M. The effects of companies' social irresponsibility on consumers' negative emotions toward the brand and their behavior [J]. ASEAN Marketing Journal, 2021, 8 (2): 128 – 142.

[164] NIU G, YU L, FAN G Z, et al. Corporate fraud, risk avoidance, and housing investment in China [J]. Emerging Markets Review, 2019 (39): 18 – 33.

[165] OH H, BAE J, KIM S J. Can sinful firms benefit from advertising their CSR efforts? Adverse effect of advertising sinful firms' CSR engagements on firm performance [J]. Journal of Business Ethics, 2017, 143 (4): 643 – 663.

[166] ONWEZEN M C, ANTONIDES G, BARTELS J. The norm activation model: An exploration of the functions of anticipated pride and guilt in pro – environmental behaviour [J]. Journal of Economic Psychology, 2013 (39): 141 – 53.

[167] O'REILLY J, AQUINO K, SKARLICKI D. The lives of others: Third parties' responses to others' injustice [J]. Journal of Applied Psychology, 2016, 101 (2): 171 – 189.

[168] ORMISTON M E, WONG E M. License to Ill: The effects of corporate social responsibility and CEO moral identity on corporate social irresponsibility [J]. Personnel Psychology, 2013, 66 (4): 861 – 893.

[169] PAHARIA N. Who receives credit or blame? The effects of made – to – order production on responses to unethical and ethical company production practices [J]. Journal of Marketing, 2020, 84 (1): 88 – 104.

[170] PEARCE C L, MANZ C C. Leadership centrality and corporate social Ir – Responsibility (CSIR): The potential ameliorating effects of self and shared leadership on CSIR [J]. Journal of Business Ethics, 2011, 102 (4): 563 – 579.

[171] PEPPER M, JACKSON T, UZZELL D. An examination of Christianity and socially conscious and frugal consumer behaviors [J]. Environment and Behavior, 2011, 43 (2): 274 – 290.

[172] PODSAKOFF P M, MACKENZIE S B, LEE J, et al. Common method biases in

behavioral research: A critical review of the literature and recommended remedies [J]. Journal of Applied Psychology, 2003, 88 (5): 879 –903.

[173] PRICE J M, SUN W. Doing good and doing bad: The impact of corporate social responsibility and irresponsibility on firm performance [J]. Journal of Business Research, 2017 (11): 82 –97.

[174] RAI T S, DIERMEIER D. Corporations are cyborgs: Organizations elicit anger but not sympathy when they can think but cannot feel [J]. Organizational Behavior and Human Decision Processes, 2015 (126): 18 –26.

[175] ROBERTS J A. Profiling levels of socially responsible consumer behavior: A cluster analytic approach and its implications for marketing [J]. Journal of Marketing Theory & Practice, 1995, 3 (4): 97 –117.

[176] ROMANI S, GRAPPI S, BAGOZZI R P. My anger is your gain, my contempt your loss: Explaining consumer responses to corporate wrongdoing [J]. Psychology and Marketing, 2013, 30 (12): 1029 –1042.

[177] RUDOLPH U, TSCHARAKTSCHIEW N. An attributional analysis of moral emotions: Naïve scientists and everyday judges [J]. Emotion Review, 2014, 6 (4): 344 –352.

[178] RUEDY N E, MOORE C, GINO F, et al. The cheater's high: The unexpected affective benefits of unethical behavior [J]. Journal of Personality and Social Psychology, 2013, 105 (4): 531 –548.

[179] RUSSELL J A. Culture and the categorization of emotions [J]. Psychological Bulletin, 1991 (110): 426 –450.

[180] SACHDEVA S, ILIEV R, MEDIN D L. Sinning saints and saintly sinners the paradox of moral self – regulation [J]. Psychological Science, 2009, 20 (4): 523 –528.

[181] SALTZSTEIN H D, KASACHKOFF T. Haidt's moral intuitionist theory: A psychological and philosophical critique [J]. Review of General Psychology, 2004, 8 (4): 273 –282.

[182] SCHELLEKENS G A C, VERLEGH P W J, SMIDTS A. Language abstraction in word of mouth [J]. Journal of Consumer Research, 2010, 37 (2): 207 –223.

[183] SCHEIDLER S, EDINGER – SCHONS L M. Partners in crime? The impact of

consumers' culpability for corporate social irresponsibility on their boycott attitude [J]. Journal of Business Research, 2020 (109): 607 – 620.

[184] SCHEI T S, SHEIKH S, SCHNALL S. Atoning past indulgences: Oral consumption and moral compensation [J]. Frontiers in Psychology, 2019 (10): 1 – 14.

[185] SCHNALL S, ROPER J, FESSLER D M T. Elevation leads to altruistic behavior [J]. Psychological Science, 2010, 21 (3): 315 – 320.

[186] SCHWARTZ M S. Ethical Decision – making theory: An integrated approach [J]. Journal of Business Ethics, 2016 (139): 755 – 776.

[187] SEN S, GURHAN – CANLI Z, MORWITZ V. Withholding consumption: A social dilemma perspective on consumer boycotts [J]. Journal of Consumer Research, 2001, 28 (3): 399 – 417.

[188] SCHLAILE M P, KLEIN K, BÖCK W. From bounded morality to consumer social responsibility: A transdisciplinary approach to socially responsible consumption and its obstacles [J]. Journal of Business Ethics, 2018, 149 (3): 561 – 588.

[189] SMITH N C, PALAZZO G, BHATTACHARYA C B. Marketing's consequences: Stakeholder marketing and supply chain corporate social responsibility issues [J]. Business Ethics Quarterly, 2010, 20 (4): 617 – 641.

[190] SHAW D, CLARKE I. Belief formation in ethical consumer groups: An exploratory study [J]. Marketing Intelligence & Planning, 1999, 17 (2): 109 – 120.

[191] SHAW D, NEWHOLM T, DICKINSON R. Consumption as voting: An exploration of consumer empowerment [J]. European Journal of Marketing, 2006 (40): 1049 – 1067.

[192] SALAIZ A, EVANS K, PATHAK S, et al. The impact of corporate social responsibility and irresponsibility on firm performance: New insights to an old question [J]. Organizational Dynamics, 2020, 49 (2): 100698.

[193] SURROCA J, TRIBÓ J A, ZAHRA S A. Stakeholder pressure on MNEs and the transfer of socially irresponsible practices to subsidiaries [J]. Academy of Management Journal, 2013, 56 (2): 549 – 572.

[194] STÄBLER S, FISCHER M. When does corporate social irresponsibility become news? Evidence from more than 1,000 brand transgressions across five countries [J]. Jour-

nal of Marketing, 2020, 84 (3): 46 - 67.

[195] STRIKE V, GAO J, BANSAL P. Being good while being bad: Social responsibility and the international diversification of U. S. firms [J]. Journal of International Business Studies, 2006, 37 (6): 850 - 862.

[196] SUN W, DING Z. Is doing bad always punished? A moderated longitudinal analysis on corporate social irresponsibility and firm value [J]. Business & Society, 2020, 60 (7): 1811 - 1848.

[197] SWEETIN V H, KNOWLES L L, SUMMEY J H, et al. Willingness - to - punish the corporate brand for corporate social irresponsibility [J]. Journal of Business Research, 2013, 66 (10): 1822 - 1830.

[198] TANG Y, QIAN C L, CHEN G L, et al. How CEO hubris affects corporate social (ir) responsibility [J]. Strategic Management Journal, 2015, 36 (9): 1338 - 1357.

[199] TANGNEY J P. Assessing individual differences in proneness to shame and guilt: Development of the self - conscious affect and attribution inventory [J]. Journal of Personality and Social Psychology, 1990, 59 (1): 102 - 111.

[200] TANGNEY J P, STUEWIG J, MASHEK D J. Moral emotions and moral behavior [J]. Annual Review of Psychology, 2007 (58): 345 - 372.

[201] TAYLOR S E. Asymmetrical effects of positive and negative events: The mobilization - minimization hypothesis [J]. Psychological Bulletin, 1991, 110 (1): 67 - 85.

[202] TEPER R, ZHONG C, INZLICHT M. How emotions shape moral behavior: Some answers (and questions) for the field of moral psychology [J]. Social and Personality Psychology Compass, 2015, 9 (1): 1 - 14.

[203] TETLOCK P E, KRISTEL O V, ELSON S B, et al. The psychology of the unthinkable: Taboo trade - offs, forbidden base rates, and heretical counterfactuals [J]. Journal of Personality and Social Psychology, 2000, 78 (5): 853 - 870.

[204] THØGERSEN J, ÖLANDER F. Spillover of environment - friendly consumer behaviour [J]. Journal of Environmental Psychology, 2003, 23 (3): 225 - 236.

[205] TIRUNILLAI S, TELLIS G J. Mining marketing meaning from online chatter: Strategic brand analysis of big data using latent dirichlet allocation [J]. Journal of Marketing

Research, 2014, 51 (4): 463-479.

[206] TRAUTWEIN S, LINDENMEIER J. The effect of affective response to corporate social irresponsibility on consumer resistance behaviour: Validation of a dual-channel model [J]. Journal of Marketing Management, 2019 (35): 253-276.

[207] TREVIÑO L K, WEAVER G R, REYNOLDS S J. Behavioral ethics in organizations: A review [J]. Journal of Management, 2006, 32 (6): 951-990.

[208] TSARENKO Y, TOJIB D. Consumers' forgiveness after brand transgression: The effect of the firm's corporate social responsibility and response [J]. Journal of Marketing Management, 2015 (31): 1851-1877.

[209] UCAR E, STAER A. Local corruption and corporate social responsibility [J]. Journal of Business Research, 2020 (116): 266-282.

[210] VAN DOORN J, ZEELENBERG M, BREUGELMANS S M. Anger and prosocial behavior [J]. Emotion Review, 2014, 6 (3): 261-268.

[211] VAN DOORN J, ZEELENBERG M, BREUGELMANS S M, et al. Prosocial consequences of third-party anger [J]. Theory and Decision, 2018, 84 (4): 585-599.

[212] VANHAMME J, SWAEN V, BERENS G, et al. Playing with fire: Aggravating and buffering effects of ex ante CSR communication campaigns for companies facing allegations of social irresponsibility [J]. Marketing Letters, 2015 (26): 565-578.

[213] VILLA CASTAÑO L E, PERDOMO-ORTIZ J, DUEÑAS OCAMPO S, et al. Socially responsible consumption: An application in Colombia [J]. Business Ethics: A European Review, 2016, 25 (4): 460-481.

[214] VOLIOTIS S, VLACHOS P A, EPITROPAKI O. Perception-induced effects of corporate social irresponsibility (CSiR) for stereotypical and admired firms [J]. Frontiers in Psychology, 2016, 7 (1): 1-6.

[215] WAGNER T, BICEN P, HALL Z. The dark side of retailing: Toward a scale of corporate social irresponsibility [J]. International Journal of Retail & Distribution Management, 2008, 36 (2): 124-142.

[216] WALKER B R, JACKSON C J. Moral emotions and corporate psychopathy: A review [J]. Journal of Business Ethics, 2017 (141): 797-810.

[217] WAN L C, WYER R S. The influence of incidental similarity on observers' causal attributions and reactions to a service failure [J]. Journal of Consumer Research, 2019, 45 (6): 1350 – 1368.

[218] WANG S, HEALY J, GAO Y. Demystifying corporate social behaviors: Understanding corporate social irresponsibility through the lens of corporate social responsibility [EB/OL]. [2024 – 10 – 20]. https://www.researchgate.net/publication/374440512_.

[219] WANG Y, CHENEY G, ROPER J. Virtue ethics and the practice – institution schema: An ethical case of excellent business practices [J]. Journal of Business Ethics, 2016, 138 (1): 67 – 77.

[220] WANG G, HACKETT R D. Virtues – centered moral identity: An identity – based explanation of the functioning of virtuous leadership [J/OL]. The Leadership Quarterly, 2020, 101421. [2024 – 10 – 16]. https://doi.org/10.1016/j.leaqua.101421.

[221] WARD S J, KING L A. Moral self – regulation, moral identity, and religiosity [J]. Journal of Personality and Social Psychology, 2018, 115 (3): 495 – 525.

[222] WEBB D J, MOHR L A, HARRIS K E. A re – examination of socially responsible consumption and its measurement [J]. Journal of business research, 2008, 61 (2): 91 – 98.

[223] WEBSTER JR F E. Determining the characteristics of the socially conscious consumer [J]. Journal of Consumer Research, 1975, 2 (3): 188 – 196.

[224] WEST C, ZHONG C B. Moral cleansing [J]. Current Opinion in Psychology, 2015 (6): 221 – 225.

[225] WEINER B. An attributional theory of achievement motivation and emotion [J]. Psychology Review, 1985 (92): 548 – 573.

[226] WEINER B. On sin versus sickness [J]. American Psychologist, 1993, 48 (9): 957 – 965.

[227] WENZEL M, WOODYATT L, MCLEAN B. The effects of moral/social identity threats and affirmations on psychological defensiveness following wrongdoing [J]. British Journal of Social Psychology, 2020 (4): 1 – 20.

[228] WINTERICH K P, MITTAL V, AQUINO K. When does recognition increase charitable behavior? Toward a moral identity – based model [J]. Journal of Marketing, 2013,

77（3）：121 - 134.

[229] WU J. The antecedents of corporate social and environmental irresponsibility [J]. Corporate Social Responsibility and Environmental Management, 2014, 21（5）：286 - 300.

[230] XIE C, BAGOZZI R P, GRØNHAUG K. The role of moral emotions and individual differences in consumer responses to corporate green and non - green actions [J]. Journal of the Academy of Marketing Science, 2015, 43（3）：333 - 356.

[231] XIE C, BAGOZZI R P. Consumer responses to corporate social irresponsibility：The role of moral emotions, evaluations, and social cognitions [J]. Psychology & Marketing, 2019, 36（6）：565 - 586.

[232] XU H, BÈGUE L, BUSHMAN B. Washing the guilt away：Effects of personal versus vicarious cleansing on guilty feelings and prosocial behavior [J]. Frontiers in Human Neuroscience, 2014（8）：1 - 5.

[233] XU A J, LOI R, NGO H. Ethical leadership behavior and employee justice perceptions：The mediating role of trust in organization [J]. Journal of Business Ethics, 2016, 134（3）：493 - 504.

[234] XU F, LUO X, HSU C. Anger or fear? Effects of discrete emotions on employee's computer - related deviant behavior [J]. Information & Management, 103180. doi：10. 1016/j. im. 2019. 103180.

[235] YUE C A, TAO W, FERGUSON M A. The joint effect of corporate social irresponsibility and social responsibility on consumer outcomes [J]. European Management Journal, 2023, 41（5）：744 - 754.

[236] ZHONG C B, LILJENQUIST K, CAIN D M. Moral self - regulation：Licensing and compensation [C] //D E CREMER D, et al. Psychological perspectives on ethical behavior and decision making. Charlotte, NC：Information Age, 2009：75 - 89.

[237] ZHONG C B, KU G, LOUNT R B, et al. Compensatory ethics [J]. Journal of Business Ethics, 2010, 92：323 - 339.

附　录

附录一　访谈提纲

×××女士/先生：

您好！非常感谢您接受我的访谈邀请，我正在做一个关于企业社会责任缺失的研究，想请您谈谈对相关问题的看法或观点，您的回答不分对错，我会在汇报研究结果时对您的回答进行匿名处理。本次访谈不超过35分钟。针对我刚才的介绍您有什么疑问吗？为了更全面、准确地记录您的回答，请问我可以对我们的访谈进行录音吗？（获得许可后，录音；否则，不录音）。

1. 您是否关注过负面的企业新闻？

2. 您记忆比较深刻的企业负面事件有哪些？（根据受访者的回答引入企业社会责任缺失概念）

3. 您认为企业社会责任缺失的具体表现有哪些？

4. 您认为企业为什么会做出这些行为？

5. 对于您刚才提到的企业负面事件，如果追究责任的话，您觉得谁应该为这些事件负责？请分别谈谈每个事件的责任主体。

6. 当前快递行业发展迅速，2019年全国快递业务量达到635.2亿件。快递业繁荣的背后，是大量的纸壳、胶带、塑料袋等快递垃圾带来的环境污染问题。您觉得谁应该对快递包装垃圾带来的环境污染问题负责？如果把总的责任赋值100分，则各责任主体的责任占比是多少？（如果提到消费者的责任，追问受访者是否是快递消费者？为什么认为自己有责任？有何情感反应？会怎么做？）

7. 您能不能举一些例子，反映出企业社会责任缺失在一定程度上跟消费者有关？

8. 您的年龄、职业、从业时间和教育程度。

除了我们刚才谈到的问题，您还有其他要补充的内容吗？

我们的访谈到此结束，再次感谢您的宝贵时间和支持！

附录二　企业社会责任缺失事件及责任归因问题测量举例

快递包装垃圾问题

网购，已成为人们生活的一部分。但随之而来的是，快递包装垃圾数量剧增。2019 年 12 月 16 日上午，国家邮政局邮政业安全监管信息系统实时监测数据显示，我国快递年业务量突破 600 亿件。记者发现，很多快递存在过度包装的现象。在湖北、北京、天津等地，多名快递企业的快递员告诉记者，快递包装包括多种材料，除了纸箱、塑料袋之外，还有大量用于填充易碎物的塑料泡沫、用于固定的胶带，以及快递单据等。另一个现象是一次性使用导致"回收难"。记者了解到，对消费者而言，由于网购的商品增多，因此多会直接丢弃快递的包装；目前并没有针对快递包装的回收体系，国内的大型连锁快递公司大多尚未开展相关业务，因此"回收难"问题长期存在，循环利用不易实现。

Q1 您认为谁应该为快递包装垃圾所带来的环境污染问题负责？（1 = 快递公司的责任，越接近 1，表示快递公司的责任越大；7 = 快递消费者的责任，越接近 7，表示消费者的责任越大。）

	1	2	3	4	5	6	7	
快递公司的责任								快递消费者的责任

Q2 如果把快递包装垃圾污染环境的企业责任和消费者责任分别赋值 100 分，那么在进行责任分配时，您认为：

快递公司的责任占多少分：_____ （1）

快递消费者的责任占多少分：＿＿＿＿＿＿（2）

猫屎咖啡：麝香猫普遍遭奴役虐待

猫屎咖啡（又称"麝香猫咖啡"）是由椰子猫（东南亚特有的一种麝香猫）排泄、已被部分消化的咖啡豆加工而成的，其味道浓郁、酸味较淡。自2013年以来，猫屎咖啡的价格虽有所下降，但仍高达200—400美元/千克（合1387~2774元人民币/千克），而且越来越受游客的追捧。

报道称，传统的猫屎咖啡是由野外收集的椰子猫的排泄物制作的，但其居高不下的价格导致野生麝香猫被捕获并被圈养在咖啡种植园内。非营利机构"世界动物保护协会"的野生动物研究者尼尔·德克鲁兹说："遗憾的是，许多游客都对圈养麝香猫来制作猫屎咖啡的残酷视而不见，他们甚至排队给麝香猫拍照并在社交网络上进行分享。"野生麝香猫将咖啡豆作为平衡饮食的一部分，而圈养麝香猫却被过度喂食尚未成熟的咖啡豆。野生麝香猫通常喜欢在夜间活动，而圈养麝香猫却被关在容易导致幽闭恐怖症的日照空间。许多圈养麝香猫都因为压力而生病或死亡。

Q1 您认为谁应该为遭奴役虐待的麝香猫负责？（1 = 猫屎咖啡生产商的责任，越接近1，表示猫屎咖啡生产商的责任越大；7 = 猫屎咖啡消费者的责任，越接近7，表示猫屎咖啡消费者的责任越大。）

	1	2	3	4	5	6	7	
猫屎咖啡生产商的责任								猫屎咖啡消费者的责任

Q2 如果把麝香猫遭奴役虐待的企业责任和消费者责任分别赋值100分，那么在进行责任分配时，您认为：

猫屎咖啡生产商的责任占多少分：＿＿＿＿＿＿（1）

猫屎咖啡消费者的责任占多少分：＿＿＿＿＿＿（2）

手机 App 随意打赏、诱导消费、内容涉黄等问题

近年来，部分手机 App 随意打赏、诱导消费、内容涉黄等问题频发，从而导致未成年人使用家长手机打赏主播、沉迷网游、直播等事件时有发生。

近期记者调查发现，部分手机 App 在青少年使用上仍存在漏洞，未成年人打赏巨款、游戏操作误扣费、社交 App 涉黄并允许青少年随意注册等现象频出。多位家长表示，手机游戏、直播、短视频等 App 层出不穷，但不少应用在对青少年群体的保护上，不仅缺乏有效约束，还存在诱导青少年参与或消费等情况。江苏宿迁一位学生家长李先生向记者反映，家里 9 岁的孩子在使用家长手机玩游戏"皇上吉祥 2"时，短短几分钟内就被扣取 1000 多元费用。原因一方面是孩子自身误操作；另一方面，游戏内常常出现"点击下注 100% 保本""充值 50 元包赢 3 场"等背后暗藏"陷阱"的诱导性提示，由于青少年自身缺乏判断力，常常被提示诱惑，加之没有金钱损失防范意识，因此很容易导致短时间内大量扣费现象的发生。

Q1 您认为谁应该为使用上述 App 受害的消费者负责？（1 = 手机 App 公司的责任，越接近 1，表示手机 App 公司的责任越大；7 = 手机 App 用户的责任，越接近 7，表示手机 App 用户的责任越大。）

	1	2	3	4	5	6	7	
手机 App 公司的责任								手机 App 用户的责任

Q2 如果把造成手机 App 用户受损的企业责任和消费者责任分别赋值 100 分，那么在进行责任分配时，您认为：

手机 App 公司的责任占多少分：_____（1）

手机 App 用户的责任占多少分：_____（2）

游戏成瘾

　　数据显示,近三成学龄前儿童每天使用网络的时间在 30 分钟以上,而 14 岁青少年每天使用网络时间超过半小时的比例达到 60.8%,未成年人 10 岁之前触网比例高达 72%。根据中国互联网络信息中心发布的第 43 次《中国互联网络发展状况统计报告》,截至 2018 年 12 月,中国网络游戏用户规模达 4.84 亿。其中,12 岁到 16 岁的青少年是网络成瘾的高危人群。

　　Q1 您认为谁应该为游戏成瘾的用户负责?(1 = 游戏公司的责任,越接近 1,表示游戏公司的责任越大;7 = 游戏用户的责任,越接近 7,表示游戏用户的责任越大。)

	1	2	3	4	5	6	7	
游戏公司的责任								游戏用户的责任

　　Q2 如果把造成游戏成瘾的企业责任和消费者责任分别赋值 100 分,那么在进行责任分配时,您认为:

游戏公司的责任占多少分:_____(1)

游戏用户的责任占多少分:_____(2)

附录三　调研问卷（研究三）

尊敬的女士/先生：

您好！非常感谢您参与此次学术调研。这是一项匿名的调研。

请依据您真实的想法、感受或看法回答所有问题，您的答案没有对错之分，我们也将严格保密。

此次调查是有偿调查，问卷中设置有注意力测试题，只有通过审核的才能获得报酬。因此，请您认真阅读和填写。

希望您在阅读和回答问题时认真专注，并且期间不去做其他事情，非常感谢。如果有任何疑问，您可联系：张女士，邮箱：zhangtina0512@foxmail.com。

谢谢您！

企业社会责任调研团队
2020 年 5 月

1. 请问您是否使用过快递？（单选题）

（1）是

（2）否

如果 Q1 选"否"，则视为无效答卷。

接下来，您将阅读一则关于快递包装垃圾问题的新闻报道。请您认真阅读，然后回答后面的问题。

当前快递行业发展迅速，2019 年全国快递业务量达到 635.2 亿件。快递业繁荣的背后，是大量快递包装垃圾带来的环境污染之痛。

记者发现，很多快递存在过度包装的现象。在湖北、北京、天津等地，多名快递企业的快递员告诉记者，快递包装包括多种材料，除了纸箱、塑料袋，还有大量用于填充易碎物的塑料泡沫、用于固定的胶带，以及快递单据等。

另一个现象是一次性使用导致"回收难"。记者了解到，从快递站拿到自己的东西后，许多消费者在自家楼下就把快递拆了，并顺手将塑料包装袋和塑料填充物等扔进垃圾桶。国内的大型连锁快递公司大多尚未开展快递包装回收业务，因此"回收难"问题长期存在，循环利用不易实现。

2. 以下是一些关于快递包装垃圾污染环境的描述性语句，请从 1 到 7 的数字中选择您对它们的同意程度。（1 表示非常不同意，越接近 1 表示越不同意；7 表示非常同意，越接近 7 表示越同意。）（矩阵量表题）

	1 = 非常不同意	2	3	4	5	6	7 = 非常同意
（1）快递包装垃圾带来的环境污染应归咎于快递公司	○	○	○	○	○	○	○
（2）快递公司应对快递包装垃圾带来的环境污染负责任	○	○	○	○	○	○	○
（3）快递包装垃圾带来的环境污染是快递公司的错	○	○	○	○	○	○	○
（4）我的消费习惯为快递垃圾污染环境的产生奠定了基础	○	○	○	○	○	○	○
（5）我的需求和需要对快递垃圾污染环境负有部分责任	○	○	○	○	○	○	○
（6）如果我改变我的快递垃圾回收习惯，则可以减少快递垃圾污染环境情况的产生	○	○	○	○	○	○	○

3. 根据您刚才阅读的新闻报道，您在多大程度上会对快递公司产生如

下情感？（1 表示非常弱，越接近 1 表示这种情感越弱；7 表示非常强烈，越接近 7 表示这种情感越强。）（矩阵量表题）

	1 = 非常弱	2	3	4	5	6	7 = 非常强烈
（1）生气	○	○	○	○	○	○	○
（2）愤怒	○	○	○	○	○	○	○
（3）恼怒	○	○	○	○	○	○	○

4. 当您阅读了上述快递垃圾污染环境的新闻后，作为快递消费者，您会在多大程度上因使用快递而产生如下情感？（1 表示非常弱，越接近 1 表示这种情感越弱；7 表示非常强烈，越接近 7 表示这种情感越强。）（矩阵量表题）

	1 = 非常弱	2	3	4	5	6	7 = 非常强烈
（1）惭愧	○	○	○	○	○	○	○
（2）后悔	○	○	○	○	○	○	○
（3）懊悔	○	○	○	○	○	○	○
（4）自责	○	○	○	○	○	○	○
（5）歉意	○	○	○	○	○	○	○

5. 当您阅读了上述快递垃圾污染环境的新闻后，请从 1 到 7 的数字中选择您对下列描述性语句的同意程度。（1 表示非常不同意，越接近 1 表示越不同意；7 表示非常同意，越接近 7 表示越同意。）（矩阵量表题）

	1 = 非常不同意	2	3	4	5	6	7 = 非常同意
（1）我可能会向他人抱怨快递企业污染环境的问题	○	○	○	○	○	○	○
（2）我打算参加反对快递企业的抗议活动	○	○	○	○	○	○	○
（3）我会推荐人们减少使用快递	○	○	○	○	○	○	○
（4）我会参加抵制快递企业污染环境的活动	○	○	○	○	○	○	○

6. 您是否愿意额外支付 10% 的费用给使用环保材料的快递包装？（1 = 一点都不愿意，7 = 非常愿意）（单选题）

　　　　一点都不愿意　1　2　3　4　5　6　7　非常愿意

7. 您是否愿意额外缴纳 10% 的税收来支持快递垃圾处理项目？（1 = 一点都不愿意，7 = 非常愿意）（单选题）

　　　　一点都不愿意　1　2　3　4　5　6　7　非常愿意

8. 您有多大可能每周多花 5 元钱来购买环境危害更小的产品？（1 = 一点也不可能，7 = 非常有可能）（单选题）

　　　　一点也不可能　1　2　3　4　5　6　7　非常有可能

9. 快递垃圾污染环境是：（单选题）

　　　　一个微小的错误　1　2　3　4　5　6　7　一个很大的错误

10. 快递垃圾污染环境造成的伤害是：（单选题）

　　　　轻微的伤害　1　2　3　4　5　6　7　严重的伤害

11. 请从 1 到 7 的数字中选择您对下列描述性语句的同意程度。（1 表示非常不同意，越接近 1 表示越不同意；7 表示非常同意，越接近 7 表示越同意。）（矩阵量表题）

	1 = 非常不同意	2	3	4	5	6	7 = 非常同意
（1）纠正社会上的不公平对我而言是重要的	○	○	○	○	○	○	○
（2）关心弱势群体对我而言是重要的	○	○	○	○	○	○	○
（3）每个人都应该关心大自然，保护环境对我来说相当重要	○	○	○	○	○	○	○

12. 您的性别：（单选题）

（1）男

（2）女

13. 您的年龄：（单选题）

（1）18 岁以下

（2）18—25 岁

（3）26—30 岁

（4）31—40 岁

（5）41—50 岁

（6）51—60 岁

（7）60 岁以上

14. 您的教育水平：（单选题）

（1）高中及以下

（2）大专

（3）大学本科

（4）硕士研究生

（5）博士研究生

（6）其他

15. 您的经济状况：（单选题）

（1）一般

（2）困难

（3）中等

（4）较好

（5）富裕

16. 最后，请您回想这次问卷调查的内容。请问，在本次调查的最开始，您看到的新闻报道是关于什么类型的企业的？（单选题）

（1）健康

（2）快递

（3）电子商务

（4）绿色产品